# Алесіны прыгоды ў Цудазем'і

# Алесіны прыгоды ў Цудазем'і

*Alice's Adventures in Wonderland* in Belarusian

Напісаў

Льюіс Кэрал

Ілюстраваў

Джон Тэніэл

Пераклаў на беларускую мову

Макс Шчур

2016

Выдавецтва/*Published by* Evertype, 73 Woodgrove, Portlaoise, R32 ENP6, Ireland. *www.evertype.com*.

*Алесіны прыгоды ў Цудазем'і* (*Alesiny pryhody ŭ Cudazem'i*). Назва твора ў арыгінале/*Original title*: *Alice's Adventures in Wonderland*. Аўтар/*Author*: *Льюіс Кэрал*/Lewis Carroll.



Рэдактар/*Editor*: Юрась Пацюпа/*Juras' Pacjupa*.



Выданьне першае/*First edition* 2013 г. (ISBN 978-1-78201-044-9)
Выданьне другое, выпраўленае/*Second edition, corrected*, 2016 г.



Каталягізацыйны запіс гэтай кнігі даступны ў Брытанскай бібліятэцы.
*A catalogue record for this book is available from the British Library.*

ISBN-10 1-78201-151-X
ISBN-13 978-1-78201-151-4

Гарнітуры De Vinne Text, Mona Lisa, ENGRAVERS' ROMAN, і Liberty распрацаваў Майкл Эвэрсан.
*Typeset in* De Vinne Text, Mona Lisa, ENGRAVERS' ROMAN, *and* Liberty *by* Michael Everson.

Ілюстрацыі/*Illustrations*: *Джон Тэніэл*/John Tenniel, 1865.

Вокладка/*Cover*: *Майкл Эвэрсан*/Michael Everson.

Друк/*Printed by* LightningSource.

# Foreword

Lewis Carroll is a pen-name: Charles Lutwidge Dodgson was the author's real name and he was lecturer in Mathematics in Christ Church, Oxford. Dodgson began the story on 4 July 1862, when he took a journey in a rowing boat on the river Thames in Oxford together with the Reverend Robinson Duckworth, with Alice Liddell (ten years of age) the daughter of the Dean of Christ Church, and with her two sisters, Lorina (thirteen years of age), and Edith (eight years of age). As is clear from the poem at the beginning of the book, the three girls asked Dodgson for a story and reluctantly at first he began to tell the first version of the story to them. There are many half-hidden references made to the five of them throughout the text of the book itself, which was published finally in 1865.

Both of Lewis Carroll's books about Alice were widely known and enjoyed in Belarus in Russian translations a long time before the first Belarusian translation appeared. The main character, Alice, was quite popular due to a number of films and cartoons. The delay with a Belarusian *Alice* translation can be attributed to the government's cultural politics during Soviet times, when translations of "bourgeois"

Western writers, even the classic ones, into a small national language were not encouraged.

The first attempt to translate *Alice* into Belarusian was made in the late 1990s by Dz′mitry Zaxarčuk, a student of the Minsk State Linguistic University, whose abridged translation was part of his master's degree thesis. The first full translations of both *Alice* and *Through the Looking-Glass* were mine, completed in 2001. The next year my version of *Alice* was published in Minsk in the magazine *Arche No. 2* in its special issue called "Our Children" (2002). The text was deeply and, in a number of cases, arbitrarily changed (that is, both improved and damaged at the same time) by the editorial supervisor, Belarusian poet and linguist Juras′ Pacjupa, whose decisions I couldn't influence. In spite of some righteous criticism from me and the English scholar Alena Tabolič (namely in her book *Secrets of Literary Translation: English–Belarusian,* 2004) for its "linguistic showmanship and wantonness," the publication was heartily welcomed by the reading public because they had waited for many years for a Belarusian version of this children's classic. In the following years, several other Belarusian translations of both *Alice* books appeared (see References), but none of them has been published in book form yet.

My *Alice* in Belarusian eventually ended up online and was found there by Ivan Derzhanski, the Bulgarian writer for the *Alice in Translation* project. He traced me to Prague where the Czech writer for the project, Jiří Rambousek, located me. In the end, it was *Alice* translation specialist Michael Everson who came with the offer to publish the book in Ireland.

For the present edition, I re-revised my translation and corrected a number of serious mistakes in the aforementioned magazine version of *Alice's Adventures*. The first and the biggest change that I introduced was that of the title: I changed the "Miraculous country" from the first version back to "Wonderland," in order to show my intention to stick to the original text as close as I wanted from the beginning. With the help of my friend and Belarusian scholar Juras′ Bušljakoŭ (1973–2013), also the proof-reader of my *Looking-Glass* translation, I detected a number of errors and misuses commited by the former editor. So, we had to change words like *пляснуў* (*pljasnuŭ* 'slapped') to *плiснуў* (*plisnuŭ* 'threw water'), *туляўся* (*tuljaŭsja* 'wandered around') to *тулiўся* (*tuliŭsja* 'cuddled'), *вяшчун* (*vjaščun* 'prophet') to *вястун* (*vjastun* 'herald'), *ступа* (*stupa* 'mortar') to *ступня* (*stupnja* 'foot'), *яхаць* (*jachac′* 'to bark') to *зяхаць* (*zjachac′* 'to pant'), *казерыцца* (*kazerycca* 'to stare', dialectal term) to *казелiць вочы* (*kazelic′ vočy* 'to stare', literary expression), etc. On the other hand, I finally approved and accepted some of Juras′ Pacjupa's ideas, such as names *Марцовы Заяц* (*Marcovy Zajac*) for March Hare or *Шапавал* (*Šapaval*) for the Hatter.

Generally speaking, my approach to translating *Alice* was to recognize that the English language there was more than just a vehicle or meaning of expression, it was Carroll's fully legitimate "co-author". The story is based on an oral narration, and many characters and ideas in the book must have emerged spontaneously from the language itself, as much from its rules as from the author's will to break them. I tried to make the Belarusian language function in the same way using its own treasury to express the richness of the original text.

From the beginning, I did not want to take a foreign name for the girl (no matter if English, Polish, or Russian) and so baptized her Alesja (*Алеся*—the idea belonged to my friend Anton Taras, Belarusian journalist and poet). Consequently, I had to "translate" all the other characters' names in a similar way. Hence, Dinah is Dzjanka (*Дзянка*); Pat is Patrykej (*Патрыкей*—originally Irish, he speaks with

Russian accent in my Belarusian version); the cards Two, Five, and Seven are given human names or nicknames, Kurdupel′ (*Курдупель*—'Shorty' from *дубаль* or *дупель* (*dubal′* or *dupiel′*, 'pair, double'), Pjatrok (*Пятрок*—diminutive of 'Peter' from *пяць* (*pjac′*) 'five') and Sëmka (*Сёмка*—diminutive of 'Simon' from *сёмы* (*sëmy*) 'seventh' and *сямёрка* (*sjamërka*) 'seven') respectively. The task was quite complicated in those cases when a name derived from an English expression that had no parallel in Belarusian. For example, there is no such phrase like "to grin like a Cheshire cat", and moreover, few Belarusians have a clear idea about where Cheshire exactly lies. Nonetheless, there is a Belarusian town of Dobruš: the name comes from *dobry* (*добры*), meaning 'good-natured'. Hence, my Cheshire-Cat is a Dobrush-Cat. Thus, when Alice introduces the Cat to the King in Chapter VIII, he replies, "It doesn't look so good-natured to me" (In the original: "I don't like the look of it").

A different problem was with the Mock Turtle. It is not too hard to imagine a turtle or even turtle soup, but "mock turtle soup" is something that belongs to the English and not to the Belarusians. Normally, the name Mock Turtle is translated (at least, in Russian) like "False, Pseudo-, Quasi-Turtle," etc., but the difficulty here is that none of those names gives a proper idea about what this creature is like or from where its name comes. Among a large number of Belarusian words that could possibly serve the purpose, I chose the particle *бы* (*by* 'as if') and made it one word with *чарапаха* (*čarapaxa* 'turtle'). That was for one reason: the resulting Бычарапаха (*Byčarapaxa*) strongly suggests the words *бычыны* (*byčyny* 'belonging to a bull' or 'bull-like') and *бычок* (*byčok* 'calf', literally 'a small bull')—and calf's head is exactly what mock turtle soup is made of (this is why the Mock Turtle looks like a calf in Tenniel's drawing). Of course, that last gastronomic detail had to be explained in the commentaries, but I think that my solution here is close to the original text.

As to proverbs and other idioms, I tried to replace them with their Belarusian equivalents (if there were such) in order to play with them in Carroll's way. I did the same with Carroll's own wordplays. For example, "Take care of the *s*ense and the *s*ounds will take care of themselves" is, in Belarusian, "*Голас да голаса—толк будзе*" (*Holas da holasa—tolk budze* 'A voice and a voice make sense', from *Колас да коласа—сноп будзе* (*Kolas da kolasa—snop budze* 'A spike and a spike make a sheaf'). "Drawling, Stretching and Fainting in Coils" is *Баляваньне, Прыставаньне, Разъвярства* (*Baljavan'ne, Prystavan'ne, Raz'vjarstva* 'Celebrating, Molesting, Gamboling'), from *Маляваньне, Рысаваньне, Разьбярства* (*Maljavan'ne, Rysavan'ne, Raz'bjarstva* 'Painting, Drawing, Sculpture'). "Reeling and Writhing" is *Часаць і Пытаць* (*Časac' i Pytac'* 'Rushing and Asking'), from *Чытаць і Пісаць* (*Čytac' i Pisac'* 'Reading and Writing'). "Mystery, ancient and modern" is *Гістэрыя ўсясьветная й нацыянальная* (*Histèryja, ŭsjas'vetnaja j nacyjanal'naja* 'Hysteria, global and national'), etc.—these are just some of the *easiest* examples.

As to the poems, I mostly translated them to Belarusian as they were, but I replaced some with my own versions of well-known Belarusian classic poems. The reason was that they apparently belonged to school reading in Carroll's time—so I took several school poems from the last century and adapted them to the text. Those were: "*Не сядзіцца ў хаце…*" ("*Ne sjadzicca й xace…*" instead of "*How doth the little crocodile*"), "*Дзядзька ў Вільні*" ("*Dzjadzka й Vilni*" here, I borrowed only the title, for in Belarusian it sounds very much like "*Father William*": "*Batska Villjam*"; the rest of the poem was translated after the original version) and "*Мой родны кут*" ("*Moj rodny kut*" for "*Beautiful Soup*"—the original is a famous Belarusian song about the beauty of the motherland and can be not only read, but also sung), all three by Jakub Kolas. In the opening of both parts of "*'Tis the voice of the Lobster*", I used the initial lines of Janka Kupala's poem "*Курган*" ("*Kurhan*"; in the former version, it was equally famous Maksim Bahdanovič's "*Зорка Вэнэра*" "*Zorka Vènèra*"), for they happened to have the same rhythmical structure as the original verse. All of the poems were re-revised for the present edition.

Perhaps the biggest challenge was, surprisingly, not the translation of puns, but that of verbs introducing speech: Carroll uses "said," "asked," and "thought" on regular basis, whereas repeating those words in Belarusian would be stylistically unacceptable. They had to be replaced with verbs like "consented," "agreed," "presumed," "supposed," "guessed," "protested," "objected," "denied," etc. Their use makes the biggest difference between the original text and its Belarusian version.

I believe that, in the updated version of my Belarusian *Alice*, accuracy finally comes to terms with elegance and creativity, at least as much (and sometimes even more successfully) as in those Russian, Spanish, and Czech translations that I consulted for comparison.

Max Ščur
Prague, July 2013

Carroll, Lewis. [1990s.] *Alisa's adventures in Wonderland.* Translated by Дзьмітры Захарчук (Dz'mitry Zaxarčuk). Master's thesis. Minsk State Linguistic University.

Carroll, Lewis. 2002. *Алесіны прыгоды ў Дзівоснай краіне* ('*Alesja's adventures in the Miraculous country*'). Translated by Макс Шчур (Max Ščur). Special issue, "Our Children." *Arche, No. 2.*

Carroll, Lewis. 2008. *Праз люстэрка і што там убачыла Аліса. Through the Mirror and what Alisa saw there.* Translated by Дзяніс Мускі (Dzyanis Muski). Published on the internet.

Carroll, Lewis. 2009. *Скрозь Люстэрка, і Што ўбачыла там Аліса* (‘*Through the Looking-Glass and what Alisa saw there*’). Translated by Вера Бурлак (Vera Burlak). *Arche, No. 10.*

Carroll, Lewis. 2013. *Аліса ў Цудакуце* (‘*Alisa in Wondernook*’). Translated by Дзяніс Мускі (Dzyanis Muski). Published on the internet.

Carroll, Lewis. 2013. *Алесіны прыгоды ў Цудазем’і* (‘*Alesja’s adventures in Wonderland*’). Translated by Макс Шчур (Max Ščur). Cathair na Mart: Evertype.

Carroll, Lewis. 2016. *На тым баку Люстра і што там напаткала Алесю* (‘*On the other side of the Mirror and what Alesja experienced there*’). Translated by Макс Шчур (Max Ščur). Portlaoise: Evertype.

Таболіч, Алена (Tabolič, Alena). 2004. *Таямніцы мастацкага перакладу. Secrets of Literary Translation: English–Belarusian.* Minsk: Belaruski knihazbor.

# Алесіны прыгоды ў Цудазем'і

## Зьмест

Дзяньком пагодным, залатым[1]
наш човен нас вязе
па нетаропкае ракі
спакойнае вадзе,
і тры сястрычкі веславаць
спрабуюць па чарзе.

І вось ім казку расказаць
гучыць загад няўмольны.
А тут—сьпякота, млосна мне,
я дыхаць ледзьве здольны!
Аднак адзін я супраць трох
цікаўніц неспатольных.

Адна камандуе: «Пачні!»
з настойлівасьцю чыннай.
Другая кажа ласкавей:
«Там нонсэнс быць павінны!»
А трэцяя пытаньнямі
катуе штохвіліны.

Яны гатовыя зважаць,
прыціхлыя—і вось
дзяўчынка-мроя праз нару
трапляе ў край дзівос,
з жывёлай гутаркі вядзе—
хіба ж не цікавосьць?

«Мо іншым разам даскажу?»
раз-пораз брала змора
ручай фантазіі маёй,
яны ж крычалі хорам:
«Расказвай, іншы раз настаў!»
Забава ім, мне—гора…

Вось так узьнік аповед мой
з павольнай плыні слоў,
і пад прымусам трох дзяўчат
я казку дапавёў.
Але ж заходзіць сонца ўжо,
а мы плывем дамоў.

Алеся! Вось табе мой сказ—
Мо зазірнеш калі.
Маленства сьветлага ўспамін
да сэрца прытулі,
як пілігрым засохлы квет
з далёкае зямлі.

## Разьдзел I

# Углыб трусінай нары

Алесі надакучыла сядзець на беразе побач зь сястрою проста так, без усякага занятку. Раз ці два яна зазірнула ў кнігу, якую чытала сястра, але там не было ні малюнкаў, ні гутарак. «І які толк у кнізе,» падумала сабе Алеся, «калі там няма ні таго, ні другога?»

Таму яна пачала падумваць (хоць ёй ня надта добра думалася, бо гарачыня наганяла на яе дрымоту й дурноту), ці ня сплесьці сабе вянок з рамонкаў, і ці варта дзеля такой радасьці наагул уставаць і зьбіраць рамонкі—і тут раптам проста побач зь ёю праляцеў Белы Трус з ружовымі вачанятамі.

Нельга сказаць, каб *само па сабе* гэта было чымсь незвычайным. Дый Алесі й не здалося *такім ужо* незвычайным, калі Трус сказаў сам сабе: «А людцы мае! А людцы мае! Як я пазьнюся!» (Перадумваючы пасьля, яна прыйшла да высновы, што павінна была б тады моцна зьдзівіцца, але ў той момант усё здалося ёй цалкам натуральным.) Калі ж Трус *дастаў з кішэні свае камізэлькі гадзіньнік на ланцужку,* зірнуў на яго і паляцеў яшчэ хутчэй, Алеся ўскочыла, спанатрыўшы, што яна ніколі ня бачыла труса ў камізэльцы з кішэнямі, а з гадзіньнікам і пагатоў! Апантаная цікаўнасьцю, яна кінулася за ім праз поле і пасьпела яшчэ ўгледзець, як той сігануў у вялізную трусіную нару пад кустом.

Алеся ўмомант пусьцілася за ім, нават не задумаўшыся, якім чынам яна зьбіраецца з тае нары вылезьці.

Трусіная нара сьпярша нагадвала тунэль і цягнулася роўна, але потым абарвалася гэтак рэзка, што Алеся й ня скмецілася, як паляцела ўніз, у нейкі глыбокі калодзеж.

Ці то ён сапраўды быў вельмі глыбокі, ці то падала яна надта павольна, толькі ў яе было дастаткова часу на тое, каб разгледзецца й запытацца ў сябе, што ж мае быць далей. Найперш яна паспрабавала глянуць уніз і ўявіць, куды яна наагул кіруецца. Але ўнізе было так цёмна, што відаць нічога не было. Тады яна зірнула на бакі і заўважыла, што сьценкі калодзежа абстаўленыя шафамі й кніжнымі паліцамі. Дзе-нідзе на цьвічках віселі мапы й карціны. Летучы, яна схапіла з аднае паліцы слоік з цэтлікам «АПЭЛЬСІНАВАЯ МАРМЭЛЯДА». Дарма!— ён быў пусьцюткі. І ўсё ж Алеся не хацела ўпускаць слоік, бо баялася забіць каго-колечы ўнізе, а таму злаўчылася паставіць яго ў адну з шафаў, якую акурат прамінала.

«Ну што ж!» сказала сама сабе Алеся. «Пасьля такога падзеньня мне ня страшна зваліцца і са сходняў! Якой адважнай мяне будуць лічыць усе сямейнікі! Нават калі давядзецца скаціцца з даху нашага дому, я й тое ня пікну!» (Што праўда, то праўда.)

Уніз, уніз, уніз. Няўжо гэтае спаданьне *ніколі* ня кончыцца? «Цікава, колькі гэта ўжо міляў я праляцела?» прамовіла ўголас Алеся. «Я, бадай ужо набліжаюся да цэнтру зямлі. Трэба зьлічыць—думаю—гэта якія чатыры тысячы міляў уніз—» (Алеся, як бачым, сёе-тое ў школе засвоіла.[2] Праўда, тут быў не найлепшы момант для паказу сваіх ведаў—вакол не было нікога, хто б яе чуў. Такой бяды, паўтарэньне—маці вучэньня!) «—так, нешта блізу таго—тады цікава, якой Паралелі і якога Мэрыдыяну я ўжо дасягнула?» (Шчыра кажучы, Алеся ня мела найменшага ўяўленьня, што такое Паралель альбо Мэрыдыян, але ёй падабалася вымаўляць такія складаныя й гожыя словы.)

Счакаўшы, яна пачала спачатку: «А што калі я падаю *скрозь зямлю*! Як будзе цудоўна, калі я прылячу да людзей, што ходзяць галовамі ўніз! Здаецца, іх завуць антыпаты—»[3] Цяпер яна нават узрадавалася, што яе ніхто не пачуў, бо гучала гэта неяк ня надта слушна. «—ну і, вядома ж, я мушу запытацца ў іх, як называецца тая краіна. Спадарыня, вы не падкажаце, гэта Новая Зэляндыя? Ці Аўстралія?» (І пад гэтыя словы яна паспрабавала пакланіцца—уявеце сабе, што вам прыходзіцца рабіць кніксэн, летучы ўніз! Думаеце, вы б так змаглі?) «„Якое неадукаванае дзяўчо!" падумае цётачка пасьля такога пытаньня. Не, пытацца ні ў якім разе ня варта! Мо там дзе будзе шыльда з пазначэньнем, што гэта за краіна?»

Уніз, уніз, уніз. Раз іншага занятку не было, то Алеся зноў загаварыла сама з сабой. «Дзянка, мабыць, моцна затужыць па мне сёньня ўвечары!» (Дзянка—гэта котка.)[4] «Спадзяюся, яны не забудуцца наліць ёй сподачак малака перад вячэрай. Дзяначка, любачка! Як бы мне хацелася, каб ты была тут, разам са мной. Вось толькі ў паветры мышэй няма. Але ж ты магла б злавіць кажана, а яны, як ведама, амаль тое самае, што мышы! Цікава, ці ядуць каты кажаноў?» І тут Алеся нібы пачала засынаць, праз сон мармычучы сама сабе: «Ці ядуць кацяняты кажанят? Ці ядуць кацяняты кажанят?» А часам: «Ці ядуць кажаняты кацянят?»[5] Зразумела, што раз яна не магла адказаць ні на адно з двух пытаньняў, то ёй не абыходзіла, ці правільна яна іх задае. Яна адчула, што сон змагае яе, і пачала мроіць, як прахаджаецца побач з Дзянкаю, вельмі сур'ёзна пытаючыся: «Дзянка, прызнавайся: ці каштавала ты калі кажана?» І тут раптам: трэсь! трэсь! Яна хлёпнулася на кучу гальля й сухога лісьця. Падзеньне скончылася.

Алеся не пабілася ані, таму адразу ўскочыла й глянула ўгору, але там было цёмна. Перад ёй паўстаў доўгі калідор, у канцы якога яшчэ мільгануў Белы Трус—і зараз жа прапаў з вачэй. Марудзіць было нельга: Алеся памкнула за ім, як вецер, і яшчэ пасьпела пачуць, як Трус, забягаючы за рог, сказаў: «Ай, вушкі мае! Ай, вусікі! Як я пазьнюся!» На павароце Алеся амаль дагнала Труса, але за паваротам ён зьнік, а дзяўчынка апынулася ў доўгім нізкім памяшканьні, асьветленым радочкам лямпаў, што зьвісалі з столі.

Абапал стаялі дзьверы—і ўсе замкнёныя. Алеся спрабавала адчыніць іх адну за другой, але не змагла. Урэшце, яна спынілася ў маркоце пасярэдзіне памяшканьня, ня ведаючы, ці ўдасца ёй наагул адтуль выйсьці.

Тут яна раптоўна натрапіла на маленькі трохногі столік з таўшчэзнага шкла. На ім нічога не было, акрамя тоненькага залатога ключыка. Алесі адразу ж прыйшло ў галаву, што ён павінен пасаваць да адных зь дзьвярэй. Аднак—на жаль!—ці то замковыя шчыліны былі занадта вялікія, ці то ключ быў такі маленькі, але ў кожным разе яна ім нічога не адамкнула. Тым ня менш, абыходзячы ўсе дзьверы па другім разе, Алеся заўважыла доўгую парт'еру, якое ня згледзела раней. За ёю хаваліся дзьверцы, вышынёю ня больш за пятнаццаць цаляў ад падлогі. Алеся паспрабавала ўставіць у замок маленькі залаты ключ—і, на вялікую радасьць, ён падышоў!

Алеся адчыніла дзьверцы і ўбачыла, што вядуць яны ў маленечкі калідор, не шырэйшы за пацучыную нару. Яна ўкленчыла і ўгледзела на другім канцы калідорчыка найпрыгажэйшы ў сьвеце сад. Як ёй адразу закарцела выбрацца з гэтага цёмнага памяшканьня ды пахадзіць сярод тых клюмбаў з зыркімі кветкамі, між тых прахалодных фантанаў! Аднак яна не магла прасунуць у прахон нават галаву. «Дый калі б мая галава і *прайшла* ў дзьверы,» падумала няшчасная Алеся, «там зь яе было б вельмі мала карысьці без плячэй. О, як бы мне хацелася скласьціся накшталт тэлескопа! Думаю, у мяне выйшла б, калі б толькі я ведала, з чаго трэба пачынаць.» Вы ж разумееце: зь ёю ўжо адбылося гэтулькі дзівосаў, што Алеся пачала думаць, быццам у сьвеце засталося ня так і шмат немагчымага.

Чакаць каля маленькіх дзьвярэй не было сэнсу, таму яна вярнулася да стала, у цьмянай надзеі знайсьці на ім яшчэ адзін ключ альбо, прынамсі, інструкцыю па складаньні людзей па-тэлескопнаму. Але гэтым разам яна знайшла там маленькую бутэлечку. («Яе дагэтуль тут пэўна не было,» сказала сабе Алеся.) Шыйка бутэлечкі была абкручаная папяровым цэтлікам з ладнымі друкаванымі літарамі «ВЫПІ МЯНЕ».

Ведама, лёгка сказаць «выпі мяне»! Але маленькая мудрая Алеся не зьбіралася гэтага рабіць адразу. «Не, наперад я гляну, ці не напісана там дзе „*Атрута*“,» сказала яна, бо чытала некалькі мілых апавяданьнейкаў пра дзяцей, якія апякліся агнём, трапілі на абед драпежнікам і ў іншыя такія непрыемнасьці, а ўсё толькі таму, што *не хацелі* помніць простыя правілы, якім іх навучылі сябры. Гэтак, да чырвані нагрэтая качарга можа вас апячы, калі вы будзеце трымаць яе задоўга. Альбо калі вы *вельмі* глыбока парэжаце сабе палец нажом, дык звычайна зьяўляецца кроў. Таму Алеся ніколі не забывалася, што, калі выпіць зашмат з бутэлечкі з надпісам «Атрута», то вам абавязкова рана ці позна зблажэе.

Адылі на гэтай бутэлечцы надпісу «Атрута» не было, і Алеся наважылася паспытаць, што ў ёй. На смак гэта нагадвала мяшанку вішнёвага пірага, бялковага крэму, ананаса, печанага індыка, ляндрынак і падсмажанага на масьле хлеба. Алесі так засмакавала, што яна й сама не заўважыла, як усё выпіла.

*   *   *   *

*   *   *

*   *   *   *

«Што за дзіўнае адчуваньне!» сказала Алеся. «Нібыта я складаюся па-тэлескопнаму!»

Так і было: цяперака яна мела толькі дзесяць цаляў росту. Яе тварык зазьзяў радасьцю ад думкі, што цяпер яна акурат такога памеру, каб увайсьці праз маленькія дзьверцы ў той прыгожы сад. Аднак перадусім яна счакала, каб паглядзець, ці ня будзе яна меншаць далей, нават крыху нэрвуючыся з гэтай прычыны. «Ведаеце, каб гэта яшчэ не скончылася тым, што я зусім скарачуся, растану, як сьвечка! І як бы я, цікава, тады выглядала?» Яна паспрабавала ўявіць сабе, як выглядае агеньчык сьвечкі пасьля таго, як тая дагарыць, бо ўспомніць, каб нешта такое ўжо бачыла, не магла.[6]

Празь які час, упэўніўшыся, што нічога больш не адбываецца, дзяўчынка пастанавіла тут жа пайсьці ў сад. Бедная Алеся! Падышоўшы да дзьверцаў, яна ўспомніла, што пакінула на стале залаты ключык, а калі вярнулася па яго, то зразумела, што ўжо да яго не дацягнецца. Алеся добра бачыла ключык праз шкло, але як бы яна ні караскалася на адну з ножак стала, тая была занадта коўзкая. Зьнямогшыся ад марных высілкаў, бедная малюпатка села й заплакала.

«Годзе, няма сэнсу гэтак румзаць!» строга загадала сабе Алеся. «Раю табе зараз жа перастаць!» Звычайна яна давала сама сабе вельмі добрыя парады (хоць даволі рэдка іх слухалася), а калі-нікалі дык і шчыкала сябе так жорстка, што сьлёзы зьяўляліся ўваччу. Помніцца, аднойчы яна спрабавала накруціць самой сабе вуха за тое, што змахлявала падчас гульні ў кракет, якую вяла сама ж супраць сябе. Гэтая мройніца вельмі любіла ўдаваць зь сябе адразу дзьвюх асоб. «Аднак які цяпер толк,» падумала нябога, «удаваць зь сябе дзьвюх розных асоб! Ад мяне ж засталося так мала, што ці назьбіраецца й на *адну* сапраўдную асобу!»

Тут ёй на вочы трапілася шкляная скрыначка пад сталом. Алеся адчыніла яе, а ўсярэдзіне ляжаў малюсенькі піражок, на якім разынкамі было прыгожа выкладзена: «ЗЬЕЖ МЯНЕ». «Добра, я яго зьем,» пастанавіла Алеся, «і калі ад гэтага пабольшаю—тады змагу дастаць ключык, а калі паменшаю—тады пралезу пад дзьвярыма. Так ці гэтак я патраплю ў сад. Будзь што будзе!»

Яна крыху ўкусіла й аж запішчала ад нецярпеньня, трымаючы руку на макаўцы, каб адчуць, угару ці ўніз яна будзе рухацца: «Вырасту ці паменшаю? Вырасту ці паменшаю?» Як жа яна зьдзівілася, калі рост застаўся той самы! Пэўна ж, яно так і бывае, калі зьясі крышку пірага, аднак Алеся гэтак звыкла да дзівосных здарэньняў, што ёй ужо здавалася нудным і недарэчным, калі жыцьцё вярталася ў сваё рэчышча.

Таму яна хапілася за работу і вельмі борзда дакончыла пірог.

Разьдзел II

# Сьлёзнае азярцо

«Усё цікавосіцца й цікавосіцца!» закрычала Алеся. (Ад зьдзіву яна на хвілю развучылася размаўляць, як трэба.) «Цяпер я раскладаюся, нібы найвялікшы ў сьвеце тэлескоп! Бывайце, ногі!» Калі яна зірнула ўніз, то ног было амаль не відаць, гэтак яны аддаліліся. «Бедныя мае ножкі! Хто ж цяпер будзе вас абуваць, нацягваць на вас панчошкі, мае любыя? Пэўна, што *ня я*, дзе ўжо мне! Я буду вельмі далёка, і мне будзе не да вас. Вам давядзецца самім неяк даваць сабе рады—аднак трэба быць дабрэйшай зь імі,» падумала Алеся, «а то яны яшчэ не захочуць ісьці туды, куды я скажу! Трэба падумаць. Добра, штогод на Каляды буду слаць ім новую пару чаравічак.»

І яна ўзялася плянаваць, як будзе гэта рабіць: «Чаравічкі будуць прыходзіць па пошце,» пастанавіла яна. «Але ж як гэта сьмешна—слаць падарункі ўласным нагам! І як, пэўна, дзіўна будуць глядзецца адрасы!

*Спадарыні Алесінай Правай Назе*
*На дзяружцы,*
*каля Каміна*
(*зь любасьцю ад Алесі*).

Людцы! Якую лухту я вярзу!»

У тую ж хвіліну яе галава ўперлася ў столь: Алеся, бадай, вырасла ўжо да чатырох локцяў з гакам.[7] Таму яна без ваганьняў схапіла залаты ключык ды засьпяшалася да дзьверцаў у сад.

Небарака Алеся! Найбольшае, што яна магла зрабіць—гэта легчы на падлогу бачком і зазірнуць адным вокам у сад. Вось толькі патрапіць туды цяпер не было ніякай надзеі, і яна зноўку села й заплакала.

«Як табе ня сорамна!» шморгала носам Алеся. «Такая вялікая дзяўчынка (цяпер яна мела поўнае права так казаць)—і ўсё яшчэ плача, як маленькая! Кінь зараз жа, чуеш?» Аднак гэта не дапамагло, і яна далей пралівала сьлёзы цэлымі цэбрамі, пакуль вакол яе не ўтварылася ладнае азярцо,—цалі з чатыры ўглыбкі,—заняўшы каля паловы залі.

Неўзабаве Алеся пачула ўдалечы хуткі тупат маленькіх ножак і зараз жа выцерла вочы, каб пабачыць, што там робіцца. А гэта вяртаўся Белы Трус, шыкоўна апрануты, з парай зграбных пальчатак у адной руцэ і вялізарным вахляром у другой. Ён страшэнна кудысьці сьпяшаўся, мармычучы сабе пад нос: «О, Князіня, Князіня! О! Ну *ці не разъюшыцца* яна за тое, што я змусіў яе гэтак доўга чакаць?» Алеся была ў такім адчаі, што гатовая была папрасіць дапамогі ў каго заўгодна. Таму, калі Трус наблізіўся да яе, яна ціхім, нерашучым голасам сказала: «Выбачайце, калі ласка, спадару—» Тут Трус як падхапіўся! Ажно згубіў белыя пальчаткі, вахляр і даў такой лататы, што ўмомант прапаў у цемры.

Алеся падняла вахляр з пальчаткамі і, паколькі ў залі было задушна, пачала абмахвацца, увесь час прыгаворваючы: «Вось табе маеш! Што за дзіўныя рэчы адбываюцца сёньня! Яшчэ ўчора ж, здаецца, усё ішло, як заўсёды! Што з мною магло ўночы здарыцца, што я так моцна перамянілася? Дайце падумаць: а *ці была* я той самай, калі прачнулася сёньня ўранку? Я добра помню, што адчувала сябе крыху інакш. Але калі я не такая, як учора, тады насоўваецца пытаньне: „Хто ж я такая?“ Ага! *Во дзе* галоўная таямніца!»[8] І яна пачала перабіраць у памяці ўсіх дзяцей свайго веку, якіх ведала, каб упэўніцца, ці не ператварылася раптам у каго зь іх.

«Зразумела, што я не Адэлька,» зазначыла Алеся, «у яе такія доўгія кудзеры, а мае валасы зусім не завіваюцца. І пэўна, што я не Марыська, бо ведаю ўсякую ўсячыну, а тая—ой, яна ведае менш за жабіны прыгаршчы! Апрача таго *яна*—гэта яна, а *я*—гэта я. Зьлітуйцеся! Як усё складана! Трэба спраўдзіць, ці памятаю я нешта з таго, што раней ведала. Паглядзімо: чатыры на пяць—дванаццаць, чатыры на шэсьць—трынаццаць, а чатыры на сем—аей-аей! Я ж гэтак ніколі не дайду да дваццаці![9] Ат, табліца множаньня ня лічыцца: паспрабуем геаграфію. Лёндан—гэта сталіца Парыжу, а Парыж—гэта сталіца Рыму, а Рым—не! *Усё* зусім ня так, я ўпэўненая! Дальбог, я ператварылася ў Марыську! Паспрабую прачытаць на памяць „*Не сядзіцца ў*—“» Яна склала далоні ў замок, быццам адказвала заданьне, і пачала паўтараць вершык, аднак голас яе гучаў нязвыкла, хрыпата, а словы выходзілі ня так, як звычайна:—

> «*Не сядзіцца ў жыце*
> *слоніку малому,*

*клiча яго грэчка,*
*цягнуць качкі з дому.*

*„Мамачка, шкарлупка,“*
*просіць ён так хціва,*
*„можа б, ты нас грэчку*
*патаптаць пусьціла?“»*

«Я пэўная, што вершык выйшаў нейкі няправільны,» сказала няшчасная Алеся, і яе вочы зноў напоўніліся сьлязьмі. «Цяпер ясна, я чыстая Марыська. А жыць мне давядзецца ў ейнай цеснай хацінцы, і цацак у мяне ня будзе. Да таго ж, трэба будзе без канца вучыць і вучыць заданьні! Не, я перадумала! Калі я Марыська, дык застаюся тут! І ня трэба засоўваць сюды галаву і ўпрошваць мяне: „Выходзь, золатка наша!“ Я толькі гляну на іх і скажу: „А хто я, га? Сьпярша скажэце мне, што я за асоба! Калі гэтая асоба мне спадабаецца, я выйду. А калі не—застануся тут, унізе, пакуль ня стану кім іншым—“» І тут Алеся зноўку залілася сьлязьмі: «Людцы мае родныя! Калі ласка, хто-небудзь, *ну засуньце ж вы* сюды галаву! Я *так* стамілася быць тут адна!»

Сказаўшы гэта, яна глянула на свае рукі і вельмі зьдзівілася—бо пакуль яна гаварыла сама з сабой, дык і сама не заўважыла, як надзела адну з Трусавых пальчатак. «Як гэта я патрапіла?» падумала Алеся. «Відаць, я зноў памяншаюся.» Яна ўзьнялася й падышла да століка, каб памерацца зь ім. Выходзіла, што цяпер яна ўжо ня мае ані локцю росту[10] і хутка меншае далей! Неўзабаве яна здагадалася: у гэтым быў вінаваты вахляр, які яна трымала ў руках. Алеся зараз жа адкінула яго прэч, у апошні момант пасьпеўшы ўратавацца, інакш бы яна скарацілася дазваньня.

«Каб яшчэ трохі—дык і ўсё. *Капцы!*» сказала Алеся, моцна напалоханая раптоўнай пераменай, але шчасьлівая, што яна ўсё яшчэ існуе. «А цяпер—у сад!» І яна ўгрунь панеслася да дзьверцаў. Але дзе там! Дзьверцы, як і даўней, заставаліся пад замком, а залаты ключык ляжаў там, дзе й быў—на шкляным століку. «Цяпер усё яшчэ горш,» падумала беднае дзіця. «Яшчэ ніколі я не была такою шмакадзяўкаю, далібог! А гэта ўжо, скажу я вам, абы-што, вось што!»

Толькі яна так падумала—нага пасьлізнулася, і—боўць!—Алеся па вушы апынулася ў салёнай вадзе. Першай думкаю было, што яна боўтнулася ў мора. «У такім разе я змагу вярнуцца дамоў чыгункай,» зазначыла яна сабе. (Дагэтуль Алеся была на моры толькі аднойчы, але гэтага ёй хапіла, каб зрабіць выснову[11], што на ўзьбярэжжы, куды ні паедзь, абавязкова павінны быць купальныя кабінкі, дзеці, якія гуляюць у пяску, за імі—радочак курортных дамкоў, а далей—чыгуначная станцыя.) Але неўзабаве яна даўмелася, што лучыла ў азярцо сьлёз, якія сама ж і выплакала, калі была яшчэ дылдай.

«Я ведала, што ня трэба было столькі плакаць!» пашкадавала Алеся, пялёхкаючыся ў азярцы і спрабуючы прыбіцца да берагу. «Цяпер я расплачуся за свой плач: патану ўва ўласных сьлязах! А *гэта* ўжо кур'ёзная небясьпека! Але што дзівіцца, сёньня ж усё ўкур'ёз.»[12]

Тут яна пачула непадалёк нейкі плёскат і падплыла бліжэй, каб даведацца, што там такое. Спачатку ёй падалося, што гэта які морж альбо гіпапатам, але потым Алеся ўспомніла, якая яна цяпер малюсенькая, і неўзабаве спраўдзіла, што гэта плюхаецца звычайная мыш, якая гэтаксама ўвалілася ў азярцо.

«Ці не пагутарыць мне з гэтай мышшу?» падумала Алеся. «Тут унізе ўсё гэтак дзіўна, можа, яна і ўмее гаварыць. Зрэшты, паспрабаваць не зашкодзіць.» І яна пачала: «О, Мышухна! Ці ня ведаеце вы, як мне вылезьці з гэтага азярца? Я вельмі стамілася тут плаваць, о Мышухна!» (Алеся думала, што акурат так трэба гаварыць з мышамі. Яна ніколі дагэтуль ня гутарыла зь імі, але запомніла табліцу скланеньня, якую бачыла ў братавым падручніку па граматыцы: Назоўны: *мыш*—Родны: *мышы*—Творны: *мышшу*—Клічны: *мышухна*!) Мыш зірнула на яе зь цікаўнасьцю і нібыта падміргнула, але нічога не сказала.

«Можа, яна не разумее па-нашаму,» падумала Алеся. «Гэта, бадай, мыш-француженка, што прыбыла ў наш край з Напалеонам.»[13] (Алеся была абазнаная ў гісторыі і ведала, *што* адбылося, але не да канца ўяўляла, колькі гадоў таму.) І яна паспрабавала зноўку: «Où est ma chatte?»[14] бо менавіта гэтая фраза стаяла першай у яе падручніку францускай мовы. Мыш нечакана аж падскочыла ў вадзе і, здавалася, уся затрымцела ад жаху. «Ой, выбачайце, калі ласка!» усклікнула Алеся, баючыся, што пакрыўдзіла жывёлінку. «Я зусім забылася, што вы ня любіце катоў.»

«Не люблю катоў!» віскліва передражніла ўзрушаная Мыш. «А ты б іх любіла, будучы мною?»

«Можа, і не,» адказала Алеся, каб яе супакоіць, «але ня варта дзеля гэтага так злаваць. Я б хацела пазнаёміць вас з нашай коткай Дзянкаю. Думаю, вам бы адразу пачалі падабацца каты. Каб вы толькі бачылі, якая яна мілая й спакойная,» працягвала Алеся, гутарачы найбольш сама з сабою і разьняволена плаваючы па азярцы. «Яна сядзіць сабе пры каміне і салодка курняўкае, намывае гасьцей. Яна такая свойская, пухнатая, яе так прыемна гушкаць! І яна такая майстрыца паляваць на мы—ой, прабачце, калі ласка!» зноў ускліакнула Алеся, бо цяперака Мыш уся нашэршылася, і дзяўчынка пераканалася, што ейныя словы пагладзілі жывёлінку супроць шэрсьці. «Ня будзем пра яе гаварыць, калі вам ня хочацца!»

«Ня будзем?» закрычала Мыш, якую ўсю аж трэсла, ад вушэй да кончыка хваста. «Няўжо гэта *я* пра яе гаварыла? У нашай сям'і заўжды *ненавідзелі* катоў—гэтых гідкіх, нізкіх, грубіянскіх істотаў! Нават імені іхняга пры мне ня згадвай!»

«Я праўда больш ня буду!» сказала Алеся, вельмі сьпяшаючыся зьмяніць тэму гаворкі. «А вось вы—вы любіце, прыкладам—сабакаў?» Мыш маўчала, таму Алеся з запалам працягвала: «Каля нашага дому жыве такі ладны сабачка! Прыходзьце калі-небудзь паглядзець на яго! Гэта маленькі тэр'ер з бліскучымі вочкамі. Ведаеце, такі кудлаты, рыжы! Вы кідаеце кіёчак ці яшчэ што, і ён зараз вам прыносіць. А яшчэ ён сядае на заднія лапы й просіць у вас есьці. І ўсякія штукі ўмее—нават паловы ня ўспомніш! Ён жыве ў аднаго фэрмэра, ведаеце—а той ім не нахваліцца, кажа, што ён каштуе цэлыя сто фунтаў![15] Маўляў, ён загрызае ўсіх пацукоў[16] і—аёй!» закрычала Алеся ў роспачы. «Здаецца, я зноў яе пакрыўдзіла!»

А Мыш уцякала, з усяе сілы перабіраючы лапкамі, ажно хвалі пайшлі. Тады Алеся пяшчотна гукнула ўсьлед: «Мышухна, дарагая! Прашу вас, вярнецеся! Мы ня будзем успамінаць ні пра катоў, ні пра сабак, раз яны вам так не да спадобы!» Пачуўшы гэта, Мыш разьвярнулася і павольна паплыла назад. Яе пыска чыста зьбялела. («Ад расчуленасьці,» падумала Алеся.) Ціхім дрыготкім голасам Мыш прамовіла: «Рушма да берагу, а там я раскажу табе сваю гісторыю. Тады ты зразумееш, чаму я гэтак ненавіджу катоў і сабакаў.»

Быў самы час выпраўляцца ў дарогу, бо ў азярцо нападала столькі розных птушак і зьвяркоў, што там стала ўжо не прапіхнуцца. Там былі Качар, Птах Доўда, Папугай, Арляня[17] і яшчэ колькі дзіўных істот. Алеся ўзяла рэй, і ўся кампанія паплыла да берагу.

Разьдзел III

# Перадвыбарны маратон і гісторыя з сумным канцом

Кампанія, што згрудзілася пры беразе, выглядала вельмі несамавіта: пер'е ў птушак завэдзгалася, да зьвяркоў папрыліпала поўсьць. З усіх капала, усе таўкліся й не знаходзілі сабе месца.

Першым пытаньнем, ведама, было, як абсохнуць. Пачалі радзіцца, і ўжо за колькі хвілін Алеся балбатала з сваімі суседзямі так нязмушана, быццам ведала іх усё жыцьцё. У яе завязалася працяглая спрэчка з Папугайчыкам, які ўрэшце насупіўся і прамовіў: «Я за цябе старэйшы і мне лепш ведаць!» Алеся не магла з гэтым пагадзіцца, бо ня ведала, колькі Папугайчыку гадоў. А раз ён рашуча адмовіўся называць свае гады, то й гаварыць зь ім ня мела сэнсу.

Нарэшце Мыш, якую хіба ўсе тут паважалі, заклікала: «Сядзьце й паслухайце сюды! Я магу лёгка й проста вас высушыць!» Усе адразу ж селі вакол Мышы. Алеся ня зводзіла зь яе вачэй, бо ведала: калі зараз жа не абсохнуць, то можна моцна расхварэцца.

«Кахі-кахі!» паважна адкашлялася Мыш. «Усе гатовыя? Гэтая гісторыя выцісьне з вас усе сокі. Папрашу цішыні! „Кандыдатура Вільгельма Заваёўніка была падтрыманая папам і прадстаўленая на разгляд англельцаў, якім быў патрэбны правадыр. На той момант яны ўжо зьмірыліся з узурпацыяй і заваёвай. Эдвін, граф Мэрсіі, і Моркар, граф Нартумбрыі—“»

«Брррр!» застукаў зубамі Папугайчык.

«Я перапрашаю!» строга, але падкрэсьлена ветліва сказала Мыш, ссунуўшы бровы. «Гэта вы падалі голас?»[18]

«Ня я!» запратэставаў Папугайчык.

«А па-мойму, вы нешта сказалі,» настойвала Мыш. «Дык я працягваю: “Эдвін, граф Мэрсіі, і Моркар, граф Нартумбрыі, прысягнулі яму, і нават Стыганд, ведамы сваім патрыятызмам арцыбіскуп Кентэрбэрыйскі, знайшоў гэта мэтазгодным—“»

«Знайшоў *што?*» спытаўся Качар.

«Знайшоў *гэта,*» адказала Мыш раздражнёна. «Не кажэце, што ня ведаеце, што „гэта“ такое.»

«Калі *я* што знаходжу, дык выдатна ведаю, што „гэта“ такое,» абурыўся Качар. «Звычайна *гэта*—жабка альбо чарвяк. А вось што знайшоў арцыбіскуп?»

Мыш пусьціла ягонае пытаньне між вушамі й хутчэй працягвала: «„—знайшоў гэта мэтазгодным. Разам з Эдгарам Этэлінгам ён наведаў Вільгельма і прапанаваў яму карону. Вільгельм напачатку праяўляў стрыманасьць, але нахабства ягоных нарманаў—“ Як табе цяпер, даражэнькая—сушэй?» працягвала яна, павярнуўшыся да Алесі.

«Макрэй не бывае,» сумна адказала тая. «Гэтая вашая гісторыя мяне зусім ня сушыць.»

«У такім разе,» прыўзьняўшыся, урачыста абвясьціў Птах Доўда, «я выстаўляю прапанову адкласьці паседжаньне дзеля тэрміновага прыняцьця больш эфэктыўных захадаў—»

«Гаварэце прасьцей!» зрабіла заўвагу Арляня. «Я не разумею й паловы гэтых доўгіх словаў. Я нават ня пэўнае, што вы іх сам разумееце!» І Арляня ўнурыла галаву ў плечы, каб схаваць усьмешку, а некаторыя птушкі адкрыта засьмяяліся.

«Я зьбіраўся сказаць,» пакрыўджана заявіў Птах Доўда, «што найлепшы спосаб высушыцца—гэта перадвыбарны маратон.»

«А што такое перадвыбарны маратон?» спыталася Алеся. Ня тое каб ёй рупіла ведаць гэта, але Птах Доўда зрабіў паўзу—відаць, падумаў, што нехта захоча адказаць. Аднак здавалася, што ніхто не наважваецца прамовіць.

«Што ж,» сказаў Доўда, «найлепшае тлумачэньне—гэта ўдзел!» (На выпадак, што і вам аднаго зімовага дня закарціць узяць удзел у маратоне, я апішу, як ён выглядаў паводле Птаха Доўды.)

Спачатку Доўда намаляваў бегавую трасу—нешта накшталт кола. («Форма ня мусіць быць ідэальнай,» папярэдзіў Птах.) Потым ён разьмясьціў усю грамаду па крузе. Ніхто не камандаваў: «Раз, два, тры—бяжы!» Усе стартавалі й сыходзілі з дыстанцыі абы-калі, таму вызначыць момант заканчэньня гонкі было ня проста. Аднак, пабегаўшы прыблізна паўгадзіны, спартоўцы досыць-такі абсохлі, і тады Птах Доўда раптам крыкнуў: «Маратон скончаны!» Усе скупіліся вакол яго, задыханыя, пытаючыся: «Дык хто перамог?»

Птах Доўда глыбока й надоўга задумаўся над гэтым пытаньнем, прыклаўшы адзін палец да лоба (пастава, у якой зазвычай малююць Шэксьпіра).[19] Астатнія тым часам чакалі ў поўнай цішыні. Нарэшце Доўда абвясьціў: «Перамаглі *ўсе*, і *кожны* мусіць атрымаць прыз.»

«А хто будзе раздаваць прызы?» запыталіся ўсе ці ня хорам.

«*Яна*! Хто ж яшчэ?» адказаў Доўда, паказваючы на Алесю пальцам. І ўся кампанія імгненна абступіла яе, бязладна крычучы: «Прызы! Прызы!»

Алеся ня мела ніякага ўяўленьня, што рабіць. З роспачы яна засунула руку ў кішэнь і выцягнула адтуль бляшанку цукатаў (на шчасьце, салёная вада ў скрынку не папала) і раздала іх. Кожнаму дасталося акурат па ляндрынцы.

«Не забудзьцеся, што яна й сама павінна атрымаць прыз,» заўважыла Мыш.

«Ведама,» адназначна пагадзіўся Доўда. «Што яшчэ ёсьць у цябе ў кішэні?» зьвярнуўся ён да Алесі.

«Толькі напарстак,» паныла сказала дзяўчо.

«Дай яго мне,» загадаў Доўда.

Усе зноўку абступілі Алесю, а Птах Доўда ўрачыста вярнуў ёй напарстак і мовіў: «Ад імя ўсіх прашу вас ласкава прыняць гэты выкшталцоны напарстак.» Як толькі ён скончыў сваю кароткую прамову, кампанія запляскала ў ладкі й закрычала «ўра!»

Алесі ўвесь гэты рытуал падаўся надта ўжо бязглуздым, але ж усе выглядалі гэтак сур'ёзна, што яна не наважылася засьмяяцца. Дзяўчынка ня ведала, як падзякаваць, і проста ўзяла напарстак, пакланіўшыся як мага ўрачысьцей.

Далей пачалося ласаваньне цукеркамі, якое выклікала гоман і гармідар. Вялікія птушкі скардзіліся, што не пасьпелі рассмакавацца, а маленькія папярхнуліся, і ім давялося стукаць у плечы. Нарэшце тлум скончыўся, усе расьселіся ў кола ды пачалі ўпрошваць Мыш расказаць яшчэ што.

«Вы абяцалі расказаць сваю гісторыю. Помніце?» нагадала ёй Алеся. «І пра тое, чаму вы так ненавідзіце К. і С.,» дадала яна шэптам, баючыся, каб Мыш зноў не пакрыўдзілася.

«Мая гісторыя вельмі доўгая, як мой хвост, і ў яе гэткі ж сумны канец!» уздыхнула Мыш, паварочваючыся да Алесі.

«Так, хвост у вас доўгі,» пагадзілася Алеся, цікаўна разглядаючы мышыны хвост. «Але чаму вы кажаце, што ў яго сумны канец?» І, пакуль Мыш расказвала, дзяўчынка ўсё думала пра гэты хвост, і ўвесь аповед у яе ў галаве выстраіўся вось так:—

«Кажа кот
мышаняці,
Зь ім спаткаў-
шыся ў хаце:
„Запрашаю
цябе я на
працэс над
табой.—
Мы судзіцца
павінны,
Гэта, браце,
ня кпіны,
Я якраз
сёньня
зранку
маю
час і
настрой.“
А ў адказ
мышанятка:
„Толькі
вырак
ваш,
братка,
Без су-
дзьдзі і
прысяж-
ных не
прызнае
закон.“
„Я су-
дзьдзя і
пры-
сяж-
ны,“
Хіт-
рун
кажа
важ-
ны, „І
цябе
ўлас-
най
ла-
пай
вы-
ра-
кую
на
скон.“

«Ты мяне ня слухаеш!» строга папракнула Алесю Мыш. «Пра што ты толькі думаеш?»

«Даруйце!» пачціва адказала Алеся. «Здаецца, вы дайшлі якраз да пятага згібу[20], дзе вашая гісторыя звузілася ўканец—»

«Сама ты вузел ласі!» рэзка й гнеўна ўскрыкнула Мыш.

«Вузел?»[21] з хваляваньнем азірнулася Алеся, заўсёды гатовая прыйсьці на дапамогу. «О, калі вы заблыталіся, то дазвольце мне дапамагчы вам з разьвязкаю!»

«І не падумаю,» віскнула Мыш і рашуча рушыла ўпрочкі. «Ты зьневажаеш мяне сваімі бязглуздымі выказваньнямі!»

«Я ня гэта мела на ўвазе!» пачала апраўдвацца бедная Алеся. «Вас так лёгка пакрыўдзіць!»

Мыш толькі буркнула нешта ў адказ.

«Калі ласка, вярнецеся й раскажэце вашую гісторыю да канца!» закрычала наўздагон Алеся. Астатнія далучыліся да яе, просячы хорам: «Так, зрабеце ласку!» Але Мыш толькі раззлавана пакруціла галавой і прысьпешыла крок.

«Як шкада, што яна ня хоча застацца!» уздыхнуў Папугайчык, як толькі Мыш прапала з вачэй. А старая Крабіха скарыстала нагоду, каб павучыць сваю дачку:

«Вось, даражэнькая! Глядзі й запамінай: трэба заўжды *трымаць сябе ў руках!*»

«А яшчэ важней *трымаць язык за зубамі*!» не змаўчала ёй маладая Крабаўна. «Вашае вечнае канькацьне, матухна, і вустрыцу дастане!»

«Каб зараз сюды нашую Дзянку, во было б добра!» сказала Алеся як найгучней, не зьвяртаючыся ні да кога ў прыватнасьці. «*Тая* б умомант прывалакла яе назад!»

«А хто такая гэтая Дзянка, ці можна даведацца?» пацікавіўся Папугайчык.

Алеся падбадзёрылася, бо заўсёды ахвотна гаварыла пра сваю малую пястунку: «Гэта нашая котка! Яна такая майстрыца лавіць мышэй, вы не ўяўляеце! А каб вы бачылі, як яе птушкі баяцца! Ды што там, любую птушку яна зьядае адным заседам!»

Гэтыя словы моцна ўзрушылі слухачоў. Некаторыя з птушак адразу далі лататы. Адна старая Сарока пачала старанна хутацца ў пер'е, прыгаворваючы: «Мне трэба як мага хутчэй дахаты! Начное паветра шкодзіць майму горлу!» А Канарэйка дрогкім голасам гукнула дзеткам: «Хадзеце, мае любыя! Вам даўно пара спаткі!» Пад усялякімі прычынамі яны порсьценька пазьнікалі хто куды, і Алеся засталася адна.

«Ня варта было ўспамінаць пра Дзянку!» скрушна падумала яна. «Здаецца, ня надта яе тут любяць! А я вось лічу, што лепшай коткі ў сьвеце няма! Ах, Дзянка мая, любачка! Ці пабачу я цябе калі?» Тут гаротная Алеся зноў пачала плакаць ад роспачы: ёй зрабілася вельмі самотна. Ды неўзабаве яна пачула, як недзе зноў затупалі маленькія лапкі, і стала ўглядацца ў наваколле, спадзеючыся зноў убачыць Мыш, якая мо ўсё ж вырашыла вярнуцца, каб даказаць сваю гісторыю.

Разьдзел IV

# Трус запускае Пілiпку

Але гэта быў Белы Трус, які то крокам, то подбегам вяртаўся назад, хапатліва азіраючыся вакол, быццам што згубіў. Алеся пачула, як ён мармыча сабе пад нос: «Княгіня! Княгіня! О, мае дарагія лапкі! О, мая скурка й вусікі! Яна загадае сьсячы мне галаву, зацкуй мяне тхор![22] Не магу ўцяміць, дзе мне *собіла* іх пасеяць?» Алеся адразу здагадалася, што ён шукае вахляр і пару белых пальчатак, і з добрага сэрца таксама пачала прыглядацца, дзе ж яны маглі падзецца. Але марна, іх нідзе не было. Усё так перамянілася з таго часу, як яна плавала ў азярцы: вялізная заля з шкляным столікам і маленькімі дзьверцамі як на той сьвет праваліліся.

Неўзабаве Трус заўважыў Алесю, занятую пошукамі, і злосна гукнуў: «Гэй, Мар'яна! А *ты* што тут робіш? Зараз жа ляці дамоў і прынясі мне пару пальчатак ды вахляр! Хутчэй давай!» Алеся так напалохалася, што адразу кінулася туды, куды паказаў Трус, нават не паспрабаваўшы растлумачыць яму ягоную памылку.

«Ён пераблытаў мяне з сваёй пакаёўкай,» думала Алеся летучы. «Во, пэўна, зьдзівіцца, калі даведаецца, хто я такая! Але лепей прынесьці яму той вахляр і пальчаткі—толькі спачатку іх трэба яшчэ знайсьці!» І толькі яна так падумала, як апынулася каля дагледжанай хацінкі, на дзьвярах якой зьзяла медзяная шыльда з выбітым на ёй імем «Б. ТРУС». Алеся ўвайшла бяз груку і засьпяшалася ўгору па лесьвіцы. Яна вельмі баялася спаткацца з сапраўднай Мар'янай, якая вытурыць яе з дому раней, чым яна зможа выканаць даручэньне Труса.

«Хоць увогуле дзіўна,» сказала сабе Алеся, «быць на пабяганках у нейкага труса! Калі так пойдзе далей, дык наступнаю мяне, напэўна, будзе ганяць з даручэньнямі ўжо Дзянка!» І яна жыва ўявіла сабе карціну: «„Спадарычна Алеся! Хадзеце зараз жа сюды і падрыхтуйцеся ісьці на шпацыр!“ „Зараз! Іду, няня! Толькі мушу павартаваць мышыную норку, пакуль ня вернецца Дзянка. Трэба дагледзець, каб не ўцякло мышаня.“ Каб жа Дзянку не пагналі,» працягвала разважаць Алеся, «калі яна гэтак раскамандуецца людзьмі!»

Тым часам яна апынулася ў невялічкім зграбным пакойчыку. Ля акна стаяў стол, а на ім, як яна й чакала, ляжалі вахляр і дзьве ці тры пары маленькіх белых пальчатак. Алеся ўзяла вахляр і пальчаткі і ўжо зьбіралася ісьці, калі ёй на вочы трапілася маленькая бутэлечка, што стаяла каля люстэрка. Гэтым разам на ёй не было цэтліка з надпісам «ВЫПІ МЯНЕ», аднак Алеся адкаркавала бутэлечку і прыклала яе да вуснаў. «Ужо цяпер дык я ведаю, што варта мне тут нешта зьесьці ці выпіць,» падумала яна, «як здараецца *нейкая* цікавостка. Значыць, трэба выпрабаваць, як дзеіць гэтая бутэлечка. Спадзяюся, што ад гэтага пітва я зноў падрасту—надта ж я стамілася быць такой драбнюткай!»

Так і здарылася, прычым нашмат хутчэй, чым чакала Алеся. Не пасьпела яна выпіць і паловы бутэлечкі, як адчула, што ўперлася галавою ў столь, і ёй давялося ўгнуць плечы, каб не скруціць сабе шыі. Дзяўчынка тут жа паставіла бутэлечку на месца і сказала сабе: «Усё, хопіць: спадзяюся, што больш я не павялічуся—Я й так ужо не прайду ў дзьверы—і навошта я глынула так шмат!»

Дарма! Запозна было шкадаваць! Яна ўсё расла ды расла, і неўзабаве мусіла ўкленчыць, але праз хвіліну й на каленках ужо даставала галавою да столі. Тады Алеся паспрабавала легчы, адным локцем упёршыся ў дзьверы, а другі паклаўшы сабе пад галаву—і пры гэтым расла й расла без упыну. Апошняе, што яна здолела зрабіць,—гэта высунуць адну руку ў акно, а нагу ў комін, ды яшчэ падумаць: «Усё, далей ужо няма куды—будзь што будзе. Вось толькі *што* зь мяне будзе?»

На шчасьце, дзеяньне зьмесьціва чароўнай бутэлечкі спынілася—Алеся перастала расьці. Але такое становішча ўсё адно яе не задавальняла: ніякай магчымасьці выкараскацца з пакою не прадбачылася. Дзіва што яна зажурылася.

«Дома, трэба сказаць, было ёмісьцей,»[23] разважала бедная Алеся. «Там не бывае, каб ты большала ці меншала, каб табою камандавалі ўсялякія мышы, трусы. І собіла мне лезьці ў тую нару! Але ж—але—усё-ткі жыць так, як тут, досыць цікава! Ажно дзіўлюся, што такое *магло* адбыцца з мной! Калі я чытала казкі—дык і ўявіць сабе не магла, каб гэтакія нісянеціцы дзе здараліся! А тут, на табе, сама патрапіла ў нісянеціцу! Пра мяне б кніжку напісаць, далібог![24] Вось вырасту—і напішу—толькі я ўжо, здаецца, і без таго вырасла! Прынамсі, *тут* расьці ўжо няма куды—» І яна зноў замаркоцілася.

«Але ў такім разе,» падумала Алеся, «няўжо мне *заўсёды* будзе столькі гадоў, як цяпер? Гэта нядрэнна—прынамсі, ня стану старой цёткай—зь іншага боку, тады я ўвесь век буду хадзіць у школу! О, толькі ня *гэта*!»

«Дурніца ты, Леська!» адказала яна сама сабе. «Ну і як ты тут зьбіраесься вучыць урокі? Тут для *цябе* месца няма, дык дзе ж яно будзе для падручнікаў!»

Так яна працягвала, удаючы то адзін бок, то другі, і ў яе ў галаве складалася ніштаватая сабе гутарка. Але праз колькі хвілінаў яна прыслухалася і ўчула на дварэ нейчы крык: «Мар'яна! Мар'яна! Ану, нясі мне пальчаткі! Зараз жа!» Потым зь лесьвіцы даляцеў тупат маленькіх ножак. Алеся здагадалася, што гэта Трус прыбег яе шукаць, і затрымцела так, што страпянулася ўся хата. Дзяўчынка зусім забылася, што яна цяпер разоў у тысячу[25] большая за Труса, і баяцца яго ёй не выпадае.

Як бачыш, Трус падышоў да дзьвярэй пакою і паспрабаваў іх адчыніць, але марна: дзьверы адчыняліся ўсярэдзіну, а Алесін локаць шчыльна падпіраў іх. Алеся пачула, як Трус мармыча сам сабе: «Паспрабую ababeгчы вакол і залезьці праз акно.»

«Я табе залезу!» падумала Алеся. Счакаўшы, пакуль не пачуе Труса пад самым акном, зь якога тырчала ейная рука, яна раптоўна расьціснула кулачок і паспрабавала схапіць Труса ў жменю. І хоць гэтага ў яе ня выйшла, адразу ж азваўся танюсенькі віск, удар, а потым звон пабітага шкла. Алеся палічыла, што гэта, відаць, Трус уваліўся ў цяпліцу з гуркамі ці яшчэ куды.

У наступны момант гнеўны голас—вядома ж, Трусаў—пракрычаў: «Патрыкей! Патрыкей! Дзе ты?» Яму адказаў іншы голас, якога Алеся яшчэ ня чула: «Ды тут я, дзе ж яшчэ![26] Картоплю капаю, вашамосьць!»

«Картоплю ён капае, а няўжо ж!» выгукнуў разьюшаны Трус. «Сюды давай! Памажы мне вылезьці!» (Зноў зазьвінела пабітае шкло.)

«А цяпер скажы мне, Патрыкей, што гэта там тырчыць з акна?»

«Ды чіясь рука, вашамосьць!» (Ён так і вымаўляў: «чіясь».)

«Якая рука, ёлуп! Дзе ты бачыў руку такіх памераў? Ей жа вунь і ў акне зацесна!»

«Ваша праўда, вашамосьць! Ды ўсё ж гэта чіясь рука.»

«Ну, рука не рука, а рабіць ёй там няма чаго. Ідзі прыбяры яе адтуль!»

Потым настала доўгая цішыня, і толькі раз-пораз даносіліся шэпты: «Дальбог, кепска будзе, вашамосьць, вось убачіце, кепска будзе.» «Рабі, як я табе кажу, галган!» І тады Алеся яшчэ раз хапянула пальцамі ў паветры. Цяпер пачуліся *два* танюсенькія віскі і зноў зазьвінела шкло. «Колькі ж там тых цяпліцаў на гурკі!—падумала Алеся.—Цікава, што яны будуць рабіць далей? Калі выцягваць мяне праз акно, то хай сабе, *абы толькі* выцягнулі! Мне *самой* тут збрыдла сядзець!»

На нейкі час усё заціхла, але ўрэшце Алеся ўчула, як зарыпелі калёсы. Да яе даляцеў гоман мноства галасоў, што загаварылі ўваднучасьсе. Алеся разабрала словы: «Дзе яшчэ адны драбіны?—Дзе-дзе! Мне сказалі прынесьці толькі адны. У Піліпкі павінны быць другія.—Піліпка, хлопча! Давай іх сюды!—Сюды! Стаў іх на рог.—Не! Спачатку зьвяжы іх! А то й да паловы не дастануць!—Дастануць! Не чапляйся да дробязяў!—Сюды, Піліпка! Бярыся за вяроўку!—Ці вытрымае страха?—Пільнуйся! Там шыфэр хісткі!—Падае! Беражыся!» (моцны грукат)—«Гэй, хто гэта зрабіў?—Відаць, Піліпка—А хто ў комін палезе?—Не-е, *я* не палезу! Давай *ты* лезь!—*Лезьці*? Ну не!—Піліпка палезе!—А, Піліпка, ты! Гаспадар кажа, ты павінен лезьці ў комін!»

«Ах, во як! Значыць, Піліпка і ў комін павінен лезьці?» сказала сабе Алеся. «Яны, здаецца, усё звалілі на беднага Піліпку! Не зайздрошчу яму: комін хоць і вузкаваты, але *думаю*, што брыкнуцца я змагу!»

Яна засунула нагу як мага далей у комін і празь які час пачула шоргат маленькага зьвярка (здагадацца, што гэта менавіта за зьвярок, яна не магла), які скробся і шамацеў акурат над ёю. «Гэта Піліпка!» Алеся рэзка дрыгнула нагой і здумала пачакаць, што ж будзе далей.

Спачатку яна пачула харавы крык: «Піліпка ляціць!» Потым—сольны голас Труса: «Лавеце яго! Гэй, там, каля плоту!» А пасьля кароткай паўзы—зноў разнабой галасоў: «Прытрымайце яму галаву!—Гарэлкі сюды!—Памалу! Задушыцца—Ну як, браточак? Што з табою было? Раскажы!»

Нарэшце пачуўся танюсенькі, кволы й пісклявы галасок («Піліпкаў,» здагадалася Алеся): «Ну, як вам сказаць—Дзякуй, больш ня трэба. Мне ўжо лепш—толькі зь пераляку гаварыць цяжка—амаль нічога ня помню—нешта як выскачыць, бы чорт з табакеркі, як падкіне мяне, і ўжо чую—лячу, што тая ракета!»

«Але! Да ракеты ты быў вельмі падобны, браточку!» пацьвердзілі галасы.

«Трэба паліць хату!» данёсься раптам голас Труса. Алеся загарлала штомоцы: «Толькі паспрабуйце, я Дзянку на вас спушчу!»

Імгненна настала мёртвая цішыня. Алеся падумала: «Цікава, што яны зараз *выкінуць*! Калі б у іх было хоць трохі мазгоў, яны б ужо разабралі страху.» Праз пару хвілін рух пачаўся зноў, і Алеся ўчула, як Трус сказаў: «Пакуль досыць і аднаго вазка.»

«Вазка *чаго?*» ня ўцяміла Алеся. Але сумневы перарваў град дробных каменьчыкаў, што з грукатам пасыпаліся ў акно. А некаторыя нават пацэлілі ёй у тварык. «Ну, я ім зараз дам!» пастанавіла яна і гукнула: «Яшчэ раз толькі кіньце—і я вам пакажу!» Гэта зноў выклікала мёртвую цішыню на двары.

Тут Алеся зьдзіўлена заўважыла, што на падлозе каменьчыкі ператвараюцца ў маленькія піражкі. Шыкоўная думка прыйшла ёй у галаву: «Калі я зьем піражок, то мой памер абавязкова павінен *неяк* зьмяніцца. А раз зрабіць мяне яшчэ большаю наўрад ці можна—значыць, ён мяне толькі паменшыць.»

Так яна зьела піражок і была страшэнна задаволеная, калі ўбачыла, што ўмомант пачала скарачацца. А як толькі паменшала, каб выйсьці празь дзьверы,—сіганула з хаты і натрапіла на натоўп дробных зьвяркоў ды птушак, што таўкліся на падворку. Маленькая яшчарка—бедны Пілiпка—ляжала пасярэдзіне, на руках у дзьвюх морскіх сьвінак, якія чымсьці паілі яе з бутэлькі. Не пасьпела Алеся выйсьці, як усе яны зараз жа кінуліся на яе. Але дзяўчынка бяз духу так пусьцілася прэч, што неўзабаве апынулася ў бясьпецы сярод густога лесу.

«Першым чынам,» разважала Алеся, блукаючы ў гушчары, «мне трэба зноў дарасьці да сваіх звычайных памераў. А другім чынам—знайсьці дарогу ў той чароўны сад. Лепшага пляну, бадай, не прыдумаць.»

Без сумневу, паводле задумы плян быў цудоўны, просты і ясны. Адна бяда: Алеся ня мела найменшага ўяўленьня, як яго ажыцьцявіць. І пакуль яна з трывогаю разглядалася ў гушчары, кароткі пранізьлівы брэх над самаю галавою прымусіў яе хапатліва зірнуць угору.

Агромністы шчанюк узіраўся ў яе вялізнымі круглымі вачыма і асьцярожна выцягваў лапу, спрабуючы дакрануцца да дзяўчынкі.[27] «Беднае сабачанё!» пяшчотна сказала Алеся і паспрабавала задобрыць яго, сьвіснуўшы як мага гучней. І ўсё-ткі яна ніяк не магла пазбавіцца страшнай думкі, што шчанюк можа быць галодны: у такім разе ён зьеў бы яе, ня гледзячы ні на якую пяшчоту.

Сама добра не ўсьведамляючы, што робіць, Алеся падняла трэсачку і паказала яе шчаняці. Тое з радасным віскам падскочыла ўгору адразу на ўсіх чатырох лапах і кінулася да трэскі, думаючы, што яму дазволяць узяць яе ў зубы. Тады Алеся матлянулася за куст дзядоўніку, каб шчанюк яе не растаптаў. Калі яна схавалася за кустом, шчанюк кумільгам кінуўся да трэскі, так ужо яму карцела яе ўхапіць. Алеся (разумеючы, што гэта як гуляць з канём-ламавіком, якому ў любы момант можна трапіць пад капыты) зноўку абабегла дзядоўнік. Шчанюк яшчэ некалькі разоў з хрыплым брэхам памыкаўся да трэскі: то кідаўся ўперад, то адбягаў далёка назад, каб разагнацца. Урэшце, ён сеў, зяхаючы, высалапіўшы язык і прыплюшчыўшы вочы.

Алеся прыкінула, што ёй выдаўся шанец уцячы ад шчаняці, і без ваганьняў паімчала прэч. Яна бегла так доўга, пакуль не стамілася й не задыхалася, а ад сабачага брэху ўдалечыні не засталося адно кволага адгалоску.

«І ўсё-ткі, які мілы шчанючок!» сказала Алеся, прыхіліўшыся да сьцябла курасьлепу і абмахваючыся яго лістом. «Я магла б навучыць яго ўсялякім штукам, калі б— калі б толькі мела патрэбны для гэтага рост! О, людцы! Я ледзь не забылася, што павінна зноў вырасьці! Трэба падумаць: як гэта *правільна* робіцца? Здаецца, я павінна сёе ці тое зьесьці або выпіць; застаецца адно пытаньне: „Што?“»

Пытаньне «што?» сапраўды заставалася без адказу. Алеся агледзела навакольныя кветкі і травінкі, але ня ўбачыла нічога такога, што ў такіх акалічнасьцях варта было б зьесьці альбо выпіць. Паблізу рос вялізны грыб— бадай, не вышэйшы за яе. Алеся зазірнула пад яго, за яго, абышла грыб з усіх бакоў, і тады ў яе зьявілася думка: а чаму б ня глянуць таксама, што ў яго там наверсе?

Алеся ўзьнялася на дыбачкі, зазірнула за край грыбной шапачкі і вочы ў вочы спаткалася зь вялізным блакітным вусенем. Той сядзеў на самай плешцы ды курыў кальян, склаўшы рукі і не зважаючы ані на Алесю, ані на што ў сьвеце.

Разьдзел V

# Вусенева парада

Вусень і Алеся пэўны час моўчкі пазіралі адно на аднаго. Нарэшце Вусень выцягнуў з рота кальян і зьвярнуўся да Алесі млявым, сонным голасам.

«Ты хто?» запытаўся Вусень.

Такі пачатак мала натхняў на гутарку. Алеся адказала, крыху сумеўшыся: «Я—я—спадару, акурат цяпер і ня ведаю—але, прынамсі, ведаю, кім я *была*, калі прачнулася сёньня зранку. З таго часу я зьмянілася ўжо некалькі разоў—а гэта кожнага б зьбянтэжыла.»

«Ты пра што?» незычліва кінуў Вусень. «Кажы за сябе!»

«Я—спадару, на жаль, ня пэўная, што магу казаць за *сябе*,» прызналася Алеся, «я ж сама не свая, разумееце?»

«Не,» адсек Вусень.

«Баюся, я не змагу гэта патлумачыць лепей,» як мага больш пачціва працягвала Алеся, «бо й сама не магу нічога ўцяміць. Мяняцца ў памерах некалькі разоў на дзень—гэта моцна зьбівае з панталыку.»

«Зусім не,» запярэчыў Вусень.

«Ну што ж, можа, вы да гэтага яшчэ не дасьпелі,» прамовіла Алеся, «але калі вы ператворыцеся ў вопрадзень—а некалі ператворыцеся, вось убачыце,—а тады ў матыля. Думаю, вам будзе ад гэтага ніякавата, ці не?»

«Ні калiва,» не згадзіўся Вусень.

«Добра, можа, *вы* ўсё адчуваеце інакш,» дапусьціла Алеся, «толькі я ведаю, што *мне* ад гэтага было б крыху ніякавата.»

«Табе?» сказаў Вусень з пагардай. «А ты хто?»

Гэта вярнула іх на пачатак гутаркі. Алеся адчула лёгкае раздражненьне ад *занадта* ж лякнічных Вусеневых заўваг, таму прыняла велічную позу і запатрабавала: «Скажыце мне перш, хто *вы* такі.»

«Нашто?» зьдзівіўся Вусень.

Гэта было яшчэ адно складанае пытаньне. І раз Алесі не прыйшло ў галаву добрага адказу, а Вусень, здавалася, быў *зусім* не ў гуморы, яна павярнулася й пайшла прэч.

«Вярніся!» гукнуў яе Вусень. «Я мушу сказаць табе нешта важнае!»

Гэта гучала папраўдзе шматабяцальна. Алеся вярнулася.

«Не выходзь зь сябе,» парадзіў ёй Вусень.

«І гэта ўсё?» спытала Алеся, спрабуючы ўтаймаваць сваю злосьць.

«Не,» адказаў Вусень.[28]

Алеся падумала: можна й пачакаць, балазе ёй няма чаго асабліва рабіць, а раптам Вусень скажа нешта вартае. Некалькі хвілін той пыхкаў кальянам у поўным маўчаньні. Урэшце, ён разьняў складзеныя на жываце рукі, выняў з рота кальян і пачаў: «Дык ты думаеш, што перамянілася, так?»

«Бадай што так, спадару,» пацьвердзіла Алеся. «Я не магу ўспомніць таго, што дагэтуль помніла. Апроч таго, я кожныя дзесяць хвілін мяняюся ў росьце!»

«Успомніць *чаго*?» удакладніў Вусень.

«Прыкладам, я спрабавала расказаць вершык *„Не сядзіцца ў хаце—“*, але выйшла зусім ня тое!» засмуцілася Алеся.

«Раскажы *„Дзядзьку ў Вільні“*,» прапанаваў Вусень.

Алеся склала перад сабою рукі ў замок і пачала:—

*«„Бацька Ўільям,“ сказаў маладзён, „ты стары*
*і сівы да карэньчыкаў космаў,*
*ды ўвесь дзень ты нагамі стаіш дагары—*
*як табе ў тваім веку ня млосна?“*

*Адказаў бацька сыну: „Як быў малады,*
*я баяўся мазгі пакалечыць,*
*ды, каб зъехаць з глуздоў, мець патрэбна глузды,*
*а бязь іх—стой хоць цэлую вечнасьць.“*

*„Ты стары чалавек, я пра гэта казаў,*
*да таго ж ты—уеўшыся, сыты,*
*але тут ля дзьвярэй сальта мне паказаў—*
*і адкуль у цябе столькі спрыту?“*

*„Як я быў малады,“ сівізною ў адказ*
*трос разумнік, „я гнуткі быў станам,*
*бо за грош набываў сабе ў пушачках мазь.*
*Хочаш, пару прадам табе танна?“*

*„Ты стары,“ кажа сын, „і ўжо колькі гадоў*
*ты павінен трымацца на тлушчы,*
*ды з касьцямі і дзюбай ты гуску ўмалоў—*
*як яе ты зубамі раструшчыў?“*

*„З тваёй маткай, быў час,“ той яму адказаў,*
*„я сварыцца ня траціў нагоды*
*і ў прамовах я сківіцам сілу прыдбаў—*
*тая сіла са мной назаўсёды.“*

*„Ты стары чалавек," зноў прамовіў юнак,*
*„і твой зрок прытупіўся дарэшты,*
*ды на носе ты здольны трымаць уюна—*
*скуль жа столькі майстэрства бярэш ты?"*

*„Я ўжо тройчы, нахабнік, табе даў адказ,"*
*нагадаў яму бацька як сыну.*
*„Цэлы дзень немагчыма твой слухаць маразм—*
*прэч адсюль, а то зъ лесьвіцы скіну!"»*

«Зусім ня так,» сказаў Вусень.

«Вы хацелі сказаць—не *зусім* так,» няўпэўнена ўдакладніла Алеся, «некаторыя словы ня тыя.»

«Усё ня тое, ад пачатку й да канца,» настойваў Вусень. Некалькі хвілін стаяла ціша.

Першым загаварыў Вусень: «А якога памеру ты б хацела быць?»

«Ах, я непераборлівая,» пасьпяшалася адказаць Алеся. «Проста, ведаеце, я б хацела мяняцца ня так часта.»

«*Ня ведаю*,» прамармытаў Вусень.

Алеся нічога не адказала: яшчэ ніколі ў жыцьці ёй столькі не пярэчылі, і цяпер яна адчувала, што зноў выходзіць зь сябе.

«Дык цяпер ты задаволеная?» спытаўся Вусень.

«Ну, шчыра кажучы, спадару, з вашага дазволу, я б хацела *крышачку* пабольшаць,» сказала Алеся. «Тры цалі—гэта мізэрны рост для жывой істоты.»

«Гэта цудоўны рост!» раззлаваўся Вусень і пад тое ўзьняўся ледзь не на дыбкі. (Ён дакладна меў тры цалі росту.)

«Але я да яго не прывыкла!» жаласна ўсклікнула бедная Алеся. А сама падумала: «Каб жа тутэйшыя стварэньні не былі такія крыўдлівыя!»

«З часам прывыкнеш!» сказаў Вусень, засунуў кальян у рот і зацягнуўся.

Алеся цярпліва чакала, пакуль Вусень не надумаецца зноў падаць голас. Праз пару хвілін Вусень выняў з роту кальян, пазяхнуў раз-другі і страпянуўся. Потым ён зьлез з грыба і адпоўз у траву, мімаходзь пасьпеўшы дакінуць: «Адзін бок зробіць цябе большай, другі—меншай.»

«Адзін бок *чаго*? Другі бок *чаго*?» задумалася Алеся.

«Грыба,» сказаў Вусень, быццам Алеся ўголас яго пыталася, і зараз зьнік з вачэй.

Недзе з хвіліну Алеся задуменна ўзіралася на грыб, спрабуючы сьцяміць, дзе ў яго які бок. Грыб быў ідэальна круглы, таму вызначыць гэта было ня проста. Урэшце яна абхапіла-такі рукамі шапку і адламала з кожнага краю па кавалку.[29]

«А цяпер—дзе што?» азадачылася Алеся і ўкусіла ад кавалку ў правай руцэ, каб паспытаць яго дзеяньня. Ці ня ў той жа момант яна стукнулася барадою аб уласную ступню!

Такая раптоўная перамена страшэнна яе спалохала. Алеся ўсьвядоміла, што часу траціць нельга: яна імкліва скарачалася, таму зараз жа ўгрызлася ў іншы кавалак. І хоць барада яе ўжо так шчыльна ўперлася ў ногі, што не давала як сьлед разьняць губы, урэшце Алеся патрапіла адкусіць ад скрыліка, які трымала ў левай руцэ, і сяк-так праглынула кавалачак грыба.

*    *    *    *    *
  *    *    *    *
*    *    *    *    *

«Гляньце, мая галава ўрэшце вольная!» усклікнула Алеся з задавальненьнем, якое тут жа ператварылася ў агаломшанасьць, калі яна згледзела, што плячэй і блізка няма. Глянуўшы ўніз, яна ўбачыла толькі агромністай даўжыні шыю, якая высока ўздымалася над зялёным морам лістоты, бы самотная сьцяблінка.

«Што гэта там за *зеляніна*?» зьдзівілася Алеся. «І дзе падзеліся мае *плечы*? А вы, мае бедныя ручкі! Чаму ж я вас болей ня бачу?» І яна паварушыла рукамі, але гэта нічога не дало, апрача слабога шолаху недзе ў нетрах далёкай лістоты.

Ня здолеўшы ўзьняць рукі да галавы, яна паспрабавала нахіліць галаву *да іх* і была ўсьцешаная тым, што яе шыя лёгка варочаецца на ўсе бакі, як зьмяя. Выхіліўшы галаву ўніз элегантным зыгзагам, Алеся надумалася падНырнуць пад зеляніну, якая была ня чым іншым—Алеся ўжо скеміла!—як вяршалінамі дрэў, пад якімі яна кагадзе шпацыравала. І тут рэзкі й шумны парыў ветру змусіў яе адхіснуцца: вялізная галуба кінулася ёй у твар і з усяе моцы замалаціла па ім крыламі.

«Зьмяюка!» верашчала Галуба.

«Ніякая я *не* зьмяюка!» абурылася Алеся. «Адчапіцеся ад мяне!»

«А я кажу—зьмяюка!» паўтарыла Галуба ўжо больш рахмана і дадала плаксіва: «Я ўжо спрабавала і тут, і там, але хіба дасі ім рады!»

«Ня цямлю, пра што вы гаворыце,» прызналася Алеся.

«Я іх хавала і пад карэньнем дрэваў, і на беразе рэчкі, і ў кустох,» працягвала Галуба, не зважаючы на яе, «але гэтыя зьмяюкі! І калі яны ўжо ўтаймуюцца!»

Алеся разумела Галубу ўсё меней, але падумала, што ня варта нічога казаць, пакуль тая ня скончыць наракаць.

«Класьці ды выседжваць яйкі й так ня проста!» казала Галуба. «А тут яшчэ пільнуй іх ад гадаўя дзень і ноч! Ды што там! За апошнія тры тыдні я нават вока ня сплюшчыла!»

«Выбачайце, што патурбавала вас,» уставіла Алеся, якая пачала здагадвацца, што мае на ўвазе Галуба.

«І толькі я знайшла найбольшае дрэва ў лесе,» працягвала скардзіцца Галуба, пераходзячы ўжо на енк, «і толькі пачала спадзявацца, што тут яны нарэшце мяне не дастануць, як на табе!—яны, круцялі, зь неба лезуць! Ах ты, гадаўка!»[30]

«Ніякая я *ня гадаўка*, паверце!» запэўніла яе Алеся. «Я—я—»

«Не? І што ты за жывёліна?» спыталася Галуба. «Я ж не сьляпая і бачу, што ты выкручваесься!»

«Я—я—маленькая дзяўчынка!» сказала Алеся ня вельмі ўпэўнена, успомніўшы, колькі яна ўжо намянялася за дзень.

«Так я табе й паверыла!» з глыбокаю пагардаю адказала Галуба. «Нагледзелася я ў свой час на маленькіх дзяўчатак, але *ні ў воднай* не было такой шыі, як у цябе! Не, не! Ты чыстая зьмяя, няма чаго аднекваціа. Скажы мне яшчэ, што ты ніколі не каштавала яек!»

«Вядома ж, я *ела* яйкі,» прызналася Алеся, якая заўжды казала праўду, «але ж дзяўчаткі, як і зьмеі, таксама ядуць яйкі, каб вы ведалі.»

«Я табе ня веру,» сказала Галуба. «Зрэшты, раз дзяўчаткі ядуць яйкі, значыць, і яны належаць да гадавага племя, вось і ўсё.»[31]

Гэтая думка падалася Алесі настолькі новай, што яна змоўкла на пару хвілінаў, а Галуба тым часам дадала: «Ты *яйкі* шукаеш, *гэта* я ведаю пэўна. А якая мне тады розьніца, дзяўчынка ты ці зьмяюка?»[32]

«Для *мяне* гэта вялікая розьніца,» перапыніла яе Алеся, «і я не шукаю яек, як бачыце. А каб і шукала, дык ня *вашыя*. Я сырых яек не люблю!»

«Тады прастуй адсюль!» змрочна крыкнула Галуба, зноў сядаючы на сваё гняздо. Алесі было цяжка прабірацца між дрэваў, бо ейная шыя ўвесь час замотвалася ў гальлі, і дзяўчынцы раз-пораз даводзілася спыняцца й разблытвацца. Неўзабаве яна ўспомніла, што ўсё яшчэ трымае ў руках кавалкі грыба, і вельмі абачліва ўзялася адкусваць па чарзе ад аднаго й другога. Гэтак яна то большала, то меншала, пакуль ня здолела ўрэшце вярнуцца да свайго звыклага памеру.

Алеся, якая даўно не была *свайго* росту, спачатку пачулася ніякавата, але за колькі хвілінаў прызвычаілася ўжо і зноў загаварыла сама з сабою. «Ага, вось я й выканала палову свайго пляну! Якія дзіўныя ўсё ж гэтыя адмены! Няма ніякай пэўнасьці, чым станеш у наступную хвіліну! Што ж, цяпер я вярнулася да свайго нармальнага росту. Далей варта патрапіць у той цудоўны сад. Цікава, *што* ж для гэтага трэба зрабіць?» Толькі яна гэта мовіла, як угледзела палянку, дзе пасярэдзіне стаяла хатка ўвышкі з два локці.[33] «Хто б там ні жыў,» падумала Алеся, «з *такім* ростам туды лепей ня сунуцца. Яны ж, убачыўшы мяне, павар'яцеюць ад жаху!» І яна зноў, па каліве, пачала кусаць ад кавалачка з правай рукі, наважыўшыся наблізіцца да хаткі толькі тады, калі паменшала да дзевяці цаляў.[34]

Разьдзел VI

# Перац і парася

Хвіліну-другую яна пастаяла, разглядаючы хатку й ня ведаючы, што рабіць далей, калі зь лесу раптам выбег лёкай. (Алеся па ліўрэі пазнала, што гэта лёкай, на твар жа ён быў чысты пячкур.) Лёкай гучна забарабаніў чучкамі ў дзьверы. Яму адчыніў яшчэ адзін лёкай у ліўрэі, паўнашчокі, лупаты—чыстая Жаба.[35] Алеся прыкмеціла, што галовы абодвух пакрытыя напудранамі парыкамі з завітымі буклямі. Ей адразу стала цікава, што ўсё гэта значыць, і яна крадком высунулася зь лесу, каб паслухаць.

Лёкай-Пячкур найперш выцягнуў з-пад пахі велізарны ліст, ці не зь яго ростам, і ўручыў Лёкаю-Жабе, сказаўшы ўрачыста: «Для Княгіні. Ад Каралевы. Запросіны на кракет.» Лёкай-Жаба паўтарыў тым самым тонам, толькі перамяніўшы крыху парадак слоў: «Ад Каралевы. Для Княгіні. Запросіны на кракет.»

Тады яны пакланіліся адзін аднаму так, што іх напудраныя кудзеркі перапляліся.

Алесю гэта так пацешыла, што яна адбегла назад у лес, баючыся выдаць сябе сьмехам. А калі яна выглянула зноў, Лёкай-Пячкур ужо зьнік, а другі сядзеў на зямлі каля ганку, дурнавата ўтаропіўшыся ў неба.

Алеся баязьліва падышла да дзьвярэй і пастукала.

«Тваё стуканьне ня мае ніякага сэнсу,» заўважыў Лёкай, «зь дзьвюх прычынаў: па-першае, я, як і ты, знаходжуся з гэтага боку дзьвярэй, а па-другое, усярэдзіне такі вэрхал, што ніхто цябе не пачуе.» А ў хатцы і *сапраўды* стаяў неверагодны гармідар. Там нешта безупынку скавытала, чхала і штохвіліны даносіўся такі грукат, быццам нехта біў на друзачкі посуд.

«Тады зрабеце ласку,» папрасіла Алеся, «падкажэце, як мне ўвайсьці?»

«Тваё стуканьне, магчыма, мела б нейкі сэнс,» разважаў Лёкай, ня слухаючы Алесі, «калі б гэтыя дзьверы былі паміж намі. Прыкладам, калі б ты была *ўсярэдзіне*, ты магла б пастукаць, а я, ведама, мог бы цябе выпусьціць.» Гаворачы, ён пазіраў не на яе, а ў неба. Алесі гэта падалося надта няветлым. «Хоць, можа, ён інакш ня ўмее,» сама сабе падумала Алеся. «У яго ж вочы сядзяць *ці не на самай* макаўцы. Але гэта ж не замінае яму адказваць на пытаньні.—Дык як мне трапіць у дом?» паўтарыла яна галасьней.

«А так я прасяджу тут,» сказаў Лёкай, «да заўтра—»

У гэты момант дзьверы расчыніліся—і вялізная талерка прасьвістала каля самай ягонай галавы. Зьлёгку чапіўшы Лёкая па носе, яна разьбілася ўшчэнт аб дрэва ў яго за плячыма.

«—а мо й да пазаўтра,» працягваў Лёкай тым самым тонам, як ня лысы.

«Як мне трапіць у дом?» яшчэ больш узвысіла голас Алеся.

«А табе яно *трэба?*» сказаў Лёкай. «Гэта ж пытаньне нумар адзін, пагадзіся.»

Так яно так, толькі Алесі не падабалася, калі зь ёю так размаўлялі. «Проста жах,» прамармытала яна сабе пад нос, «як уся гэтая жыўнасьць любіць пярэчыць. Ашалець можна!»

Лёкай, мабыць, падумаў, што прыйшоў час паўтарыць сваю ўлюбёную думку зь некаторымі варыяцыямі. «А так я буду тут сядзець і сядзець,» нагадаў ён, «няведама колькі, хоць цэлымі днямі.»

«А *мне* што рабіць?» спыталася Алеся.

«Што сабе хочаш,» адказаў Лёкай і засьвістаў.

«Ат, зь ім кашы ня зварыш!» махнула рукою Алеся. «Ён поўны ідыёт!» І яна адчыніла дзьверы і ўвайшла ў дом.

За дзьвярыма аказалася вялікая кухня, паўнюткая чаду. Пасярэдзіне сядзела на трыножцы Княгіня і гушкала немаўля. Кухарка, схіліўшыся над агнём, памешвала ў здаравенным катле нешта накшталт супу.

«У гэтым супе зашмат перцу!» вымавіла Алеся, наколькі ёй дазваляла чханьне.

Прынамсі ў *паветры* перцу была гібель. Нават Княгіня раз у раз чхала; а дзіця дык і чхала, і верашчала проста безь перадыху. *Ня чхалі* тут толькі двое: кухарка й вялізны кот, які ляжаў пры печы і хмыліўся аж да вушэй.

«Скажэце, калі ласка,» нерашуча пачала Алеся, бо не была ўпэўненая, ці ветла загаворваць з старэйшымі першай, «чаму ваш кот гэтак усьміхаецца?»

«Бо ён—дабрушанін,»[36] сказала Княгіня, «вось чаму. Парася!»[37]

Апошняе слова яна выкрыкнула так нечакана, што Алеся ажно падскочыла. Але тут жа зразумела, што гэта сказана не на яе адрас, а да дзіцяці, і, набраўшыся адвагі, працягвала:—

«Я ня ведала, што каты з Добрушу заўжды ўсьміхаюцца. Шчыра кажучы, я наагул ня чула, каб каты *ўмелі* ўсьміхацца.»

«Усе каты ўмеюць усьміхацца,» сказала Княгіня, «вось толькі ня ўсе ўсьміхаюцца.»

«Але я праўда ня ведаю ніводнага ўсьмешлівага ката,» настойвала Алеся як мага больш ветла, задаволеная тым, што завязалася гутарка.

«Ведаў у цябе—як кот наплакаў,»[38] заявіла Княгіня. «Вось што праўда.»

Алесі зусім не спадабаўся тон гэтае заўвагі, і яна падумала, што варта было б разгаварыцца пра што іншае. Пакуль яна спрабавала адшукаць якую-небудзь лепшую тэму, кухарка зьняла з агню кацёл і раптам пачала шпурляць усім, што было пад рукою, у Княгіню й малога. Спачатку ў іх паляцелі качарга, шчыпцы, шуфлік, потым—рондлі, талеркі й місы. Княгіня не зьвяртала аніякай увагі, нават калі яны ў яе траплялі. Што да немаўляці, дык яно й без таго так раўло, што немагчыма было сказаць, ці гэта кухарка яго зачапіла, ці яно крычыць проста так.

«*Прашу* вас, асьцярожней! Што вы робіце!» усхадзілася Алеся, напалоханая да дрыжыкаў. «Ой, проста ў *чароўны* носік!» жахнулася яна, калі вялізная каструля пранеслася ля твару немаўляці так блізка, што тое ледзь не засталося бяз носа.

«Калі б людзі ня совалі свайго носа ў чужое проса,» прахрыпела Княгіня, «зямля круцілася б куды хутчэй.»

«А сьпех—людзям сьмех,» Алеся таксама адказала ёй прымаўкаю, радая прадэманстраваць сёе-тое з сваіх ведаў.

«Толькі ўявеце, як збаламуціліся б дзень і ноч! Зямлі ж патрэбныя самае меншае дваццаць чатыры гадзіны, каб павярнуцца вакол сваёй восі—»

«Што да восяў,» сказала Княгіня, «то вось табе зараз адсякуць галаву!»

Алеся кінула занепакоены позірк на кухарку, каб спраўдзіць, ці не ўспрыняла тая гэта як загад. Але тая засяроджана мяшала суп і, здавалася, нічога ня чула, так што Алеся працягвала далей: «Дваццаць чатыры гадзіны, *здаецца*—ці толькі дванаццаць, як вы лічыце?»

«*Я* ніяк не лічу!» усклікнула Княгіня. «Чаго я цярпець не магу, дык гэта лічбаў.» І тут яна зноў узялася гушкаць немаўля, сьпяваючы нешта накшталт калыханкі і груба тармосячы яго пры канцы кожнага радка:—

*«Не цырымонься з хлапчуком,*
*лупі, ня дай прачхацца:*
*ён чхае толькі, каб цішком*
*з матулі пасьмяяцца.»*

Прыпеў
(У якім далучаліся кухарка й немаўля):
*«Уа! Уа! Уа!»*

Калі пачаўся другі куплет, Княгіня трэсла дзіця ўжо так утрапёна, што ад верашчаньня малечы Алеся недачувала словаў:—

*«Луплю сынка я часьцяком*
*і не даю прачхацца.*
*Смакуе й перац з часнаком*
*дзіцяці ў роднай хатцы!»*

Прыпеў
*«Уа! Уа! Уа!»*[39]

«На! Можаш пакалыхаць, калі хочаш!» сказала Княгіня Алесі, перакідаючы малое ёй. «А я мушу рыхтавацца да гульні ў кракет з Каралевай.» І рушыла прэч. Кухарка яшчэ шпурнула ёй наўздагон патэльню, але міма.

Алеся ледзьве пасьпела падхапіць дзіця: малеча мела даволі-такі дзіўныя формы і ўвесь час выпроствала ручкі й ножкі ў розныя бакі. «Нібы якая морская зорка,» падумала Алеся. Беднае немаўлятка сапло, як паравая машына, і то складалася напалам, то выпросталася зноў. Такім чынам, першыя хвіліны Алеся ледзьве трымала яго на руках.

Урэшце, яна знайшла спосаб, як яго закалыхаць: яна ўкруціла немаўля ў гэткі вузельчык, які потым цьвёрда трымала за правае вуха й левую нагу, каб той не раскруціўся. Гэтак яны й выйшлі на двор. «Калі я не забяру дзіцяці з сабой,» падумала Алеся, «яны затаўкуць яго ня сёньня, дык заўтра. Пакідаць яго тут на сьмерць было б злачынствам!» Апошнія словы яна прамовіла ўголас, і малеча зарохкала ў адказ (бо кагадзе перастала чхаць). «Ня рохкай,» зрабіла яму заўвагу Алеся, «гэта не найлепшы спосаб выказваць свае думкі.»

А немаўля зноў: рох-рох! Алеся ўстрывожылася й зазірнула яму ў твар, каб паглядзець, што зь ім такое. Далібог, у малога *так* задзіраўся нос, што больш нагадваў лыч, дый вочы, як для дзіцяці, былі замалыя. Адным словам, ягоны выгляд Алесі зусім не спадабаўся. «Можа, яно проста гэтак румзае,» супакоіла яна сябе й зазірнула дзіцяці ў вочы, ці няма там сьлёзак.

Не, сьлёзак не было. «Калі ты тут зьбіраесьсяператварыцца ў парася, даражэнькае,» сказала Алеся сур'ёзна, «дык я з табою ходацца ня буду. Май на ўвазе!» Беднае дзіцятка зноў зарумзала (ці зарохкала—хто яго ведае!), а потым на нейкі час сьціхла.

Алеся ўжо пачала разважаць: «Цікава, што я буду рабіць з гэтым стварэньнем, калі прынясу яго дадому?» І тут стварэньне зарохкала так гучна, што Алеся спалохана зазірнула яму ў тварык. Цяпер сумневу *не* заставалася: гэта было ня што іншае, як парася. Далей цягаць яго на руках было бязглузда.

Тады Алеся адпусьціла парасятка і адчула вялікую палёгку, пабачыўшы, як задаволена тое пачасала ў лес. «Зь яго магло б выйсьці страшэнна брыдкае дзіця,» зазначыла сабе Алеся, «а вось як для парасяці—дык і ладнае.» І яна пачала перабіраць у памяці ўсіх ведамых ёй дзяцей, зь якіх маглі б вырасьці добрыя сьвіньні. Не пасьпела яна падумаць: «Вось каб хто толькі падказаў мне, як іх пераманяніць,» як ажно сьцепанулася ад

нечаканасьці: на галіне паблізнага дрэва сядзеў Кот-Дабрушанін.

Убачыўшы Алесю, Кот усьміхнуўся. Выглядаў ён, як ёй падалося, зычліва, хоць кіпці ў яго былі *даўжэзныя* і зубоў—поўны рот. Алеся вырашыла, што ставіцца да яго трэба паважліва.

«Пане Кацейка Дабрушанскі!»[40] нясьмела загаварыла Алеся, бо зусім ня мела пэўнасьці, ці ўпадабае ён такі зварот, але ўсьмешка ягоная толькі пашырылася. «Ага! Пачатак яму спадабаўся,» зазначыла сабе Алеся. «Ці не падкажаце вы, кудою адсюль ісьці?»

«Гэта залежыць ад таго, куды ты хочаш патрапіць,» адказаў Кот.

«Ды мне, бадай што, бяз розьніцы—» развimportant ажыла дзяўчынка.

«Тады ўсё роўна кудою,» сказаў Кот.

«—абы толькі *куды* патрапіць,» патлумачыла Алеся.

«О, ты пэўна трапіш *абы-куды,»* супакоіў яе Кот, «калі толькі зойдзеш досыць далёка.»

Алеся адчула, што адмовіць яму ў рацыі цяжка, таму паспрабавала задаць яшчэ адно пытаньне: «Што ж за людзі жывуць абы-дзе?»

«У *тым* баку,» Кот паказаў некуды праваю лапаю, «жыве Шапавал; а ў *тым,»* ён узьняў левую, «жыве Марцовы Заяц. Можаш наведаць любога—яны абодва вар'яты.»

«Але я не хачу да вар'ятаў,» запярэчыла Алеся.

«А што ты зробіш!» паспачуваў ёй Кот. «Мы ўсе тут вар'яты. І я. І ты.»

«Адкуль вы ведаеце, што я вар'ятка?» спыталася Алеся.

«А хто ты яшчэ?» зьдзівіўся Кот. «Іначай ты б сюды ня трапіла.»[41]

Такі доказ ня здаўся Алесі пераканаўчым, і ўсё ж яна працягвала: «А скуль вы ведаеце, што вы вар'ят?»

«Пачнём з сабакі—ён не вар'ят. Ты згодная з гэтым?»[42]

«Бадай што так,» адказала Алеся.

«А цяпер глядзі,» разьвіваў сваю думку Кот, «сабака, як ведама, гурчыць, калі злуе, і махае хвастом, калі ён задаволены. А *я* гурчу, калі я задаволены, і махаю хвастом, калі злую. Выходзіць, я вар'ят.»

«*Па-мойму*, вы курняўкаеце, а не гурчыцё,» удакладніла Алеся.

«Называй гэта як хочаш, якая розьніца,» прамуркаў Кот. «Ты пойдзеш сёньня на кракет да Каралевы?»

«Мне б вельмі хацелася,» прызналася Алеся, «але мяне туды яшчэ не запрасілі.»

«То ўбачымся там,» паабяцаў Кот і растаў у паветры.

Алеся ня надта зьдзівілася, бо патроху ўжо прызвычайвалася да ўсялякіх дзівосаў. Яна яшчэ глядзела туды, дзе нядаўна быў Кот, калі той зноў раптам зьявіўся.

«Дарэчы, што сталася зь дзіцем?» пацікавіўся Кот. «Ледзь не забыўся ў цябе спытацца.»

«Яно ператварылася ў парася,» спакойна адказала Алеся, як быццам так і трэба было, каб Кот аб'явіўся гэтак жа раптоўна, як зьнік.

«Я так і думаў,» сказаў Кот і зноў прапаў.

Алеся счакала пару хвілінаў, ці ня вернецца ён, а калі Кот не зьявіўся—рушыла ў той бок, дзе, як ёй сказана было, жыў Марцовы Заяц. «Шапавалаў я ўжо бачыла,» мовіла сабе Алеся. «Марцовы Заяц—куды цікавейшы тып. І, раз цяпер травень, можа, ён ужо ня будзе дурэць, як дурэюць зайцы ў сакавіку.» І толькі яна ўзьняла галаву, як зноў убачыла на адной з галінаў Ката.

«Ты сказала „ў парася" ці „ў карася"?» удакладніў Кот.

«У парася!» паўтарыла Алеся. «І, прашу вас, ня трэба больш так раптоўна зьнікаць і зьяўляцца, а то мне млосна робіцца!»

«Добра,» сказаў Кот і гэтым разам растаў у паветры павальней, пачынаючы з канца хваста, пакуль не засталася адна ўсьмешка. Ката ўжо не было, а яна ўсё яшчэ лунала ў паветры.

«Авой! Катоў без усьмешак я нагледзелася,» падумала Алеся, «але каб усьмешку без ката!. Гэта самая дзіўная штука, якую я бачыла ў жыцьці!»

А ўжо праз пару крокаў яна наблізілася да дому Марцовага Зайца. Што гэта быў акурат ягоны дом, няцяжка было здагадацца—усе коміны нагадвалі заечыя вушы, а страху пакрываў заечы пух. Хата была такая вялікая, што Алеся наважылася падысьці, толькі калі адкусіла ад грыба ў левай руцэ і вырасла яшчэ на які локаць.[43] Ды ўсё адно ішла яна ня надта сьмялява: «А раптам ён усё-ткі пачне дурэць! Дарма я, напэўна, не пайшла лепш да Шапавала!»

## Разьдзел VII

# Гарбата ў вар'ятаў

Пад дрэвам перад домам стаяў засланы стол, за сталом пілі гарбату Марцовы Заяц і Шапавал. Між імі спала Соня, і яны абапіралі на яе локці, нібы на падушку, і гаманілі церазь яе галаву. «Соні, мусібыць, дужа няўтульна,» падумала Алеся. «Зрэшты, яна ж сьпіць, таму наўрад ці ёй гэта замінае.»

Хоць стол быў доўгі, усе трое цясьніліся на рагу адно пры адным. «Месца няма! Месца няма!» закрычалі яны, як толькі ўбачылі Алесю. «Тут *колькі хочаш* месца!» абурылася Алеся і ўселася ў вялікім фатэлі на другім канцы стала.

«Частуйся віном!» запрасіў яе Марцовы Заяц.

Алеся абгледзела стол, але нічога, апрача гарбаты, там не заўважыла. «Нешта я ня бачу ніякага віна,» зазначыла яна.

«А яго й няма,» адказаў Марцовы Заяц.

«У такім разе ня надта ветла з вашага боку мне яго прапаноўваць,» угнявілася Алеся.

«А з твайго боку—ня надта ветла сядаць за стол без запрашэньня,» заўважыў у сваю чаргу Марцовы Заяц.

«Я ня ведала, што стол толькі *для вас траіх,»* сказала Алеся. «Ён накрыты на значна больш пэрсонаў.»

«Табе трэба пастрыгчыся!» заявіў Шапавал. Ён ужо колькі часу пазіраў на Алесю зь вялікай цікаўнасьцю і толькі цяпер падаў голас.

«А вам трэба навучыцца не рабіць малазнаёмым людзям заўваг,» не бяз строгасьці парыравала Алеся. «Выхаваныя людзі на асобы не пераходзяць.»

Шапавал ажно вочы вылупіў, пачуўшы такое, але *сказаць* здолеў толькі: «Чым крумкач падобны да пісьмовага стала?»

«А-а! Вось і пабавімся!» падумала Алеся. «Як добра, што яны перайшлі на загадкі! Думаю, што мне пад сілу гэта адгадаць,» дадала яна ўголас.

«Ты думаеш, што табе ўдасца знайсьці слушны адказ на гэтую загадку?» спытаўся Марцовы Заяц.

«Менавіта,» пацьвердзіла Алеся.

«Тады й кажы тое, што думаеш,» параіў Марцовы Заяц.

«Я й кажу,» адрэзала Алеся. «Прынамсі—прынамсі, я думаю тое ж, што кажу—а гэта, між іншым, тое самае.»

«Ні каліва ня тое самае!» запярэчыў Шапавал. «Ты яшчэ скажы, нібыта „я бачу тое, што ем“ і „я ем тое, што бачу“—гэта адно й тое самае!»

«Гэтак ты магла б сьцьвярджаць,» дадаў Марцовы Заяц, «што „я люблю ўсё, што маю“ й „я маю ўсё, што люблю“—гэта адно й тое самае!»

«Гэтак ты магла б сьцьвярджаць,» далучылася да іх Соня, якая гаварыла нібы праз сон, «што „я дыхаю, калі сплю“ й „я сплю, калі дыхаю“—гэта адно й тое самае!»

«Вось так і *тут*,» падвёў рысу Шапавал. Тут гутарка перарвалася, і ўся кампанія нейкі час сядзела моўчкі. Тым часам Алеся спрабавала ўспомніць усё, што толькі ведала пра крумкачоў і пісьмовыя сталы. Выходзіла небагата.

Шапавал загаварыў першы: «Які ў нас сёньня дзень?» спытаўся ён, зьвяртаючыся да Алесі. Бо пакуль усе маўчалі, ён дастаў з кішэні гадзіньнік і цяпер напружана ўглядаўся ў яго, час ад часу заклапочана страсаючы й падносячы да вуха.

Алеся трошкі падумала й адказала: «Сёньня—чацьвёртага.»

«На два дні позьніцца!» уздыхнуў Шапавал. «Я ж табе казаў, што нельга мазаць гадзіньніка маслам!» дадаў ён, злосна пазіраючы на Марцовага Зайца.

«Гэта ж было масла *вышэйшага гатунку*!» апраўдваўся гэты цюхцяй.

«Хай, але ж крошкі неяк патрапілі ўсярэдзіну!» прабурчаў Шапавал. «Дарма ты лазіў у мэханізм нажом, якім хлеб кроім.»

Марцовы Заяц узяў гадзіньнік і скрушна зірнуў на яго, потым апусьціў у кубак з гарбатай, выняў і зноў зірнуў.

Але й пасьля гэтага ён ня змог прыдумаць нічога лепшага за сваю ранейшую фразу: «Гэта ж было масла *вышэйшага гатунку*, павер!»

Алеся казеліла вочы на гадзіньнік праз Зайцава плячо. «Сьмешная штуковіна!» заўважыла яна. «Паказвае дзень месяца, але не паказвае, которая гадзіна!»

«А навошта?» прамармытаў Шапавал. «Няўжо *твой* гадзіньнік паказвае год?»

«Ведама ж, не!» без ваганьня адказала Алеся. «Бо год досыць доўгі час не мяняецца.»

«Вось і *мой* гадзіньнік такі ж,» сказаў Шапавал.[44]

Алеся была проста зьбітая з тропу. Яна ня бачыла ў заўвазе Шапавала ніякага сэнсу, хоць усе словы былі ёй знаёмыя. «Я вас не зусім зразумела,» перапытала яна як мага ветлівей.

«Соня зноў сьпіць,» зацеміў Шапавал і шуснуў жывёлінцы на пыску гарачай гарбаты.

Соня раздражнёна крутнула галавой і замармытала, не расплюшчваючы вачэй: «Ведама, ведама, і я гэта хацела сказаць.»

«Дык ты ўжо адгадала загадку?» спытаўся Шапавал, зьвяртаючыся да Алесі.

«Не, здаюся,» абвясьціла Алеся. «Які адказ?»

«Нават не ўяўляю,» сказаў Шапавал.

«Я таксама,» дакінуў Марцовы Заяц.

Алеся расчаравана ўздыхнула: «Я думаю, што можна бавіць час нашмат цікавей, чым марнаваць яго на загадкі без адгадак.»

«Каб ты ведала Час ня з почуту, а так блізка, як я,» сказаў Шапавал, «ты б не гаварыла пра *яго* марнаваньне. Час—гэта *Яна*. Гэта наша Доля.»

«Не разумею, пра што вы,» прызналася Алеся.

«Дзе ж табе зразумець!» усклікнуў Шапавал, пагардліва матляючы галавою. «Падазраю, што ты нават ніколі не гаварыла з Доляю!»

«Можа, і не,» унікліва адказала Алеся. «Але я ведаю, што на ўроках музыкі трэба адбіваць *долю*.»

«А! У гэтым і загваздка!» здагадаўся Шапавал. «Доля не цярпіць біцьця. Затое калі ты зь Ёю сябруеш, Яна робіць з тваім гадзіньнікам усё, што ты хочаш. Уяві, скажам, што цяпер дзявятая раніцы і павінны пачацца заняткі ў школе. Досыць табе шапнуць: „А Долечка ты ж мая!“, як стрэлкі гадзіньніка ўмомант праходзяць патрэбную табе долю цыфэрблята! Палова другой—пара палуднаваць!»

(«Хай бы ўжо цяпер была пара палуднаваць,» шапнуў сабе пад нос Заяц.)

«Так, гэта было б здорава,» задуменна сказала Алеся. «Але ў такім разе я не пасьпела б адчуць голаду.»

«Спачатку, магчыма, і не,» дапусьціў Шапавал. «Але палова другой для цябе можа зацягнуцца на колькі хочаш.»

«Дык вось як, значыцца, *вы* кіруеце часам,» урэшце зразумела Алеся.

Аднак Шапавал паныла пакруціў галавою. «Дзе там кірую!» адказаў ён. «Мы з Доляю пасварыліся яшчэ летась у сакавіку—якраз перад тым, як *ён*—» (і Шапавал паказаў лыжачкаю на Марцовага Зайца) «—пачаў сама ведаеш што: дурэць. Гэта было на тым славутым канцэрце, што давала тады Каралева Чырва, дзе я меўся пяяць:—

*„Котка, котачка, крычы*
*Немым крыкам уначы“.*[45]

Табе, магчыма, знаёмая гэтая песенька?»

«Нешта падобнае я чула,» сказала Алеся.

«Але гэта ня ўся песенька, каб ты ведала,» працягваў Шапавал, «там далей:—

*„Абуджаючы ўвесь сьвет,*
*Як шалёны курасьлеп.*
*Котка, котачка—“»*

Тут Соня схамянулася й пачала сьпяваць у сьне: «*Котка, котка, котка, котка*—» і доўжыла б так бясконца, калі б яе не ўшчыкнулі.

«Ну вось, не пасьпеў я дакончыць першага куплету,» сказаў Шапавал, «як Каралева зараўла: „Ён цягне котку за хвост, во дзе гіцаль! Сьцяць яму галаву!“»

«Як бесчалавечна!» усклікнула Алеся.

«З таго часу я такі абяздолены,» вёў далей Шапавал жалобным тонам. «Цяпер у нас заўсёды пятая гадзіна, такая наша Доля.»

Бліскучая здагадка прыйшла Алесі ў галаву: «Дык гэта таму тут столькі чайных прыбораў?» спыталася яна.

«Так, таму,» адказаў з уздыхам Шапавал. «Час на гарбату ў нас заўжды, праз гэта й няма калі мыць посуд.»

«Значыць, час ад часу вы пасоўваецеся вакол стала?» здагадалася Алеся.

«Слушна,» пацьвердзіў Шапавал, «як толькі выкарыстаем свае прыборы.»

«А што вы робіце, калі зноўку вернецеся на пачатак?» адважылася папытацца Алеся.

«А што калі нам зьмяніць тэму?» умяшаўся ў гутарку Марцовы Заяц, пазяхнуўшы. «Гэтая размова мяне ўжо стамляе. Я за тое, каб маладая спадарычна апавяла нам нейкую гісторыю.»

«На жаль, я ніводнай ня ведаю,» прызналася Алеся, засьпетая ягонай прапановаю зьнянацку.

«Тады няхай Соня раскажа!» закрычалі разам Шапавал і Марцовы Заяц. «Уставай, Соня!» І яны ўшчыкнулі яе з двух бакоў адначасова.

Соня паволі расплюшчыла вочы: «Я ня сплю, сябры мае,» сказала яна хрыплым, кволым голасам, «я чула кожнае вашае слова.»

«Раскажы нам што!» загадаў Марцовы Заяц.

«Так, калі ласка!» папрасіла Алеся.

«І не марудзь,» дадаў Шапавал, «іначай ты зноў засьнеш раней, чым скончыш.»

«Жылі-былі тры маленькія сястрычкі,» пасьпешліва пачала Соня, «і зваліся яны Алька, Леська й Цылька, а жылі яны на дне калодзежа—»

«А чым яны жывіліся?» спыталася Алеся, якую заўжды асабліва цікавілі пытаньні ежы й піцьця.

«Яны жывіліся жывіцаю,» сказала Соня, падумаўшы хвілінку-другую.

«Але ведаеце, так бы яны доўга ня выжылі,» ласкава запярэчыла Алеся. «Ім хутка забалелі б жываты.»

«Так і было,» пацьвердзіла Соня. «Ім *вельмі* балелі жываты.»

Алеся паспрабавала ўявіць сабе настолькі незвычайны лад жыцьця, але той быў для яе непрагляднаю таямніцаю, таму яна зноў пацікавілася: «А чаму яны жылі на дне калодзежа?»

«Выпі яшчэ гарбаты,» строга прапанаваў ёй Марцовы Заяц.

«Я пакуль яшчэ нічога ня выпіла,» пакрыўдавала Алеся. «Больш за тое, вы мне дасюль і не налівалі.»

«Ты хочаш сказаць, што мы не налівалі табе *менш* за тое,» сказаў Шапавал. «Зрэшты, у нас „нічога" *больш* няма, толькі гарбата.»

«*Вашая* думка нікому не абыходзіць,» кінула яму Алеся.

«І хто гэта, цікава, пераходзіць цяпер на асобы?» пераможна спытаўся Шапавал.

Алеся й ня ведала, што яму на гэта адказаць. Таму яна наліла сабе крыху гарбаты, намазала маслам лусту хлеба, а тады зьвярнулася да Соні й паўтарыла сваё пытаньне: «Дык чаму яны жылі на дне калодзежа?»

Соня ўзяла яшчэ адну-дзьве хвіліны на роздум і нарэшце адказала: «Бо гэта быў жывічны калодзеж.»

«Такіх калодзежаў не бывае!» Алеся пачынала ўжо закіпаць, але Шапавал і Марцовы Заяц зашыкалі на яе, а раздражнёная Соня зрабіла ёй заўвагу: «Калі ня ўмееш паводзіць сябе прыстойна, дык апавядай далей сама.»

«Не, зрабеце ласку, працягвайце!» міралюбна сказала Алеся. «Абяцаю больш не перарываць. Хай сабе бывае, прынамсі *адзін*.»

«Дзе там адзін!» абурылася Соня, аднак пагадзілася працягваць. «І вось гэныя тры сястрычкі вучыліся гэтаму, як яго, чэрпаньню—»

«А што яны чэрпалі?» спыталася Алеся, забыўшыся на сваё абяцаньне.

«Жывіцу,» адказала Соня, гэтым разам не падумаўшы й хвіліны.

«Мне патрэбны чысты кубак,» умяшаўся Шапавал. «Перасядзьма на адно месца далей.»

З гэтымі словамі ён падняўся й перасеў, Соня пасунулася на ягонае крэсла. Марцовы Заяц апынуўся на месцы Соні, а Алеся без асаблівага жаданьня перасела на месца Марцовага Зайца. Шапавал быў адзіны, хто атрымаў ад перамяшчэньня нейкую выгаду. Што да Алесі, то лепш ёй было б нікуды ня рыпацца, бо Марцовы Заяц акурат перакуліў у свой сподачак гарлач з малаком.

Алесі не хацелася зноў крыўдзіць Соню, таму яна папыталася вельмі асьцярожна: «І ўсё ж я не зразумела, адкуль яны чэрпалі жывіцу?»

«Калі можна чэрпаць ваду з звычайнага калодзежа,» дапусьціў Шапавал, «дык, думаю, нішто не замінае чэрпаць жывіцу з жывічнага—праўда ж, дурнічка?»[46]

«Дык яны ж жылі *ў самім* калодзежы,» нагадала Соні Алеся, не схацеўшы зважаць на апошнія Шапавалавы словы.

«Дзе ж яшчэ,» сказала Соня. «У ім самым.»

Гэты адказ настолькі заблытаў бедную Алесю, што нейкі час яна слухала Соню, не перабіваючы.

«Дык, значыцца, вучыліся яны чэрпаньню,» апавядала далей Соня, пазяхаючы й паціраючы вочы, бо яе памалу хіліла ў сон, «і вычэрпвалі яны ўсякую ўсячыну—усё, што пачынаецца на літару М—»

«Чаму на М?» зьдзівілася Алеся.

«А чаму не?» адшыў яе Заяц.

Алеся прыкусіла язычок.

Пакуль тое, Соня ўжо заплюшчыла вочы й прымгнула. Але тут Шапавал яе ўшчыкнуў, і яна тоненька піскнула, падхапілася ды працягвала: «—што пачынаецца на літару М, напрыклад: мышалоўкі, месяц, мэмуары, масла масьленае. Вядома, што пра паўтор таго самага кажуць „масла масьленае“—а ці бачыла ты калі, як гэтае масла чэрпаюць?»

«Знайшлі вы ў каго спытаць,» зьбянтэжылася Алеся. «Наўрад ці, я думаю—»

«Калі ты наўрад ці думаеш, то маўчы,» адсек Шапавал.

Такой грубасьці Алеся ўжо не магла стрываць: яна гідліва ўстала з-за стала і пайшла прэч. Соня адразу ж заснула, а тыя два вар'яты нават не зьвярнулі ўвагі на Алесін сыход. Раз ці два яна ўсё-ткі азірнулася ў спадзеве, што яе паклічуць назад. Аглянуўшыся напасьледак, яна ўбачыла, што вар'яты ўзяліся пíхаць Соню ў імбрык.

«Не, *сюды* я болей ні нагой!» клялася Алеся, асьцярожна прабіраючыся скрозь лес. «Гэта самая ідыёцкая кампанія, у якую я трапляла ў сваім жыцьці!»

І тут у адным з дрэваў яна пабачыла дзьверцы, што адчыняліся ўсярэдзіну ствала. «Да чаго цікава!» захапілася Алеся. «Сёньня ўсё цікава! Чаму б мне ня ўзяць і не ўвайсьці, проста зараз?» Так яна і зрабіла.

Гэтак Алеся зноў апынулася ў той самай доўгай залі каля шклянога століка. «Ага, цяпер я ўжо ведаю, што рабіць!» узрадавалася дзяўчынка. Перш-наперш яна ўзяла ключык і адамкнула дзьверцы ў сад. Потым узялася за грыб, кавалак якога прыхавала ў кішэні, і адшчыпвала ад яго патрошку, пакуль ня зьменшылася да паўлокця росту.[47] Тады яна прайшла калідорчыкам—і толькі *пасьля* нарэшце апынулася ў прыгожым садзе сярод яркіх кветнікаў ды халадкіх фантанаў.

РАЗЬДЗЕЛ VIII

# Кракет з Каралевай

При ўваходзе ў сад цьвіў вялізны куст белых ружаў. Але тры садоўнікі, абступіўшы яго, старанна перамалёўвалі кветкі ў чырвоны колер. Алесі гэта падалося досыць дзіўным, і яна пастанавіла паназіраць за садоўнікамі зблізку. Толькі яна падышла да іх, як пачула такую размову: «Асьцярожней ты, Пятрок! Годзе ўжо мяне фарбай пэцкаць!»

«А што я зраблю,» буркнуў Пятрок. «Гэта Сёмка мяне пад локаць штурхнуў.»

Сёмка кінуў на яго злосны позірк і сказаў: «Ага, малайцом, Пятрок! Усю віну вярні на іншых!»

«Чыя б карова мычала!» не здаваўся Пятрок. «Каралева не даўней за ўчора казала, што па тваёй галаве сякера плача, я сам чуў.»

«А за што?» пацікавіўся першы.

«Ня *твой* клопат, Курдупель!» цыкнуў на яго Сёмка.[48]

«Ягоны гэта клопат!» не сьціхаў Пятрок. «І я яму скажу за што. За тое, што ты прынёс кухару цыбуліны тульпанаў замест цыбулінаў цыбулі!»

Сёмка шпурнуў пэндзаль на зямлю: «Як мяне ўжо ні абгаворвалі, але каб—» завёўся ён і раптам пабачыў побач Алесю. Сёмка адразу ж сумеўся й сьціх, астатнія таксама заўважылі яе, і ўсе трое нізка пакланіліся.

«Выбачайце, вы не маглі б патлумачыць,» папыталася Алеся сарамяжліва, «навошта вы перамалёўваеце ружы?»

Пятрок і Сёмка моўчкі зірнулі на Курдупеля. Той ціхутка адказаў: «Шчыра кажучы, спадарычна, выйшла такая штука: тут меліся пасадзіць чырвоныя ружы, а мы спудлавалі ды ўторкнулі белыя. Дык калі б Каралева пра гэта ўведала, то паляцелі б нашыя галовы, як піць даць. Вось мы, спадарычна, і намагаемся, каб да яе зьяўленьня—» І тут Пятрок, які стаяў на варце й палахліва разглядаўся па садзе, закрычаў: «Каралева! Каралева!» І ўся тройка ніцма прыпала да зямлі. Пачуўся тупат цэлага войска ног, і Алеся пачала выглядаць Каралеву, бо вельмі хацела яе пабачыць.

Першымі крочылі дзесяць жаўнераў-крыжакоў, узброеных булавамі.[49] Яны былі такія самыя падоўжныя й пляскатыя, як і садоўнікі, з рукамі і нагамі па рагах чатырохкутнікаў. Сьледам выступалі парамі дзесяць прыдворных, на якіх звонка падзыньквалі ўпрыгожаньні з дыямэнтаў.[50] За імі выбеглі дзесяць караляняты: яны таксама скакалі вясёлымі парамі, усьцяж абсыпаныя чырвонымі сэрцайкамі. Потым чынілі ход госьці, пераважна Каралі й Каралевы, і сярод іх Алеся пазнала Белага Труса: той нешта некаму хапатліва й нэрвова даводзіў, усьміхаючыся пры кожным слове. Алесі ён не заўважыў. Далей ішоў Валет Чырва, несучы на падушцы з барвовага аксаміту карону Караля. А замыкалі ўрачыстае шэсьце КАРОЛЬ І КАРАЛЕВА ЧЫРВЫ.

Алеся трохі засумнявалася, ці не распасьцерціся і ёй на зямлі, як тыя садоўнікі, але нешта яна не магла прыпомніць, каб дзе чула пра такое правіла этыкету, і падумала: «Якая ж тады ад шэсьця карысьць, калі ўсе будуць ляжаць ніцма й нічога ня ўбачаць?» І яна засталася стаяць, чакаючы, што будзе.

Калі працэсія наблізілася да Алесі, усе спыніліся і ўпэрыліся ў яе, а Каралева сурова запыталася ў Валета Чырвы: «Хто такая?» Аднак той у адказ толькі пакланіўся і ўсьміхнуўся.

«Афэлак!» кінула Каралева, злосна крутнуўшы галавой, і зьвярнулася да самой Алесі. «Як тваё імя, дзіця?»

«Мяне завуць Алеся, Вашая ласкавая Вялікасьць,» адказала Алеся вельмі ветла. Аднак сама сабе падумала: «Яшчэ стану я баяцца ўсякіх картачных дамаў і каралёў!»

«А *гэта* хто такія?» спыталася Каралева, паказваючы на трох садоўнікаў, што пападалі ніцма вакол ружавага куста. (Як вы ўжо здагадаліся, яны ляжалі тварам долу, а рысунак у іх на плячох быў такі самы, як і ўва ўсіх картаў у калодзе, таму Каралева не магла пазнаць, хто яны: садоўнікі, жаўнеры, прыдворныя ці яе ўласныя дзеці.)

«А *я* адкуль знаю?» у тон Каралеве адказала Алеся, сама зьдзіўляючыся сваёй сьмеласьці. «*Мне* яны не абыходзяць.»

Каралева ўгнявілася й яшчэ больш пачырванела. Кінуўшы на Алесю погляд дзікага зьвера, яна заверашчала: «Сьцяць ёй галаву! Сьцяць ёй—»

«Не дурыце галавы!» цьвёрда абарвала яе Алеся. Каралева сьціхла.

Кароль узяў сваю жонку пад руку і нясьмела мовіў: «Дарагая, падумай: яна ж яшчэ дзіця!»

Каралева злосна адвярнулася ад мужа і загадала Валету: «Перавярнуць іх!»

Валет асьцярожненька выканаў загад, перавярнуўшы садоўнікаў мыском бота.

«Устаць!» зараўла Каралева, і тры садоўнікі ўмомант падхапіліся й пачалі кланяцца Каралю, Каралеве, каралянятам і ўсім астатнім.

«Досыць!» закрычала Каралева. «У мяне галава кружыцца ад вашых паклонаў.» Потым яна кінула вокам на ружавы куст і спыталася: «*Што* вы тут рабілі?»

«З вашага дазволу, Вашая Вялікасьць,» паслужліва сказаў Курдупель, апусьціўшыся на адно калена, «мы спрабавалі—»

«*Мне* ўжо ясна!» мовіла Каралева, якая тым часам пільна разглядала ружы. «Сьцяць ім галовы!» І шэсьце рушыла далей, толькі тры жаўнеры засталіся, каб пакараць сьмерцю няшчасных садоўнікаў. Тыя кінуліся да Алесі, шукаючы паратунку.

«Ня бойцеся, вам нічога ня зробяць!» сказала Алеся і схавала іх у вялізны вазон, што стаяў побач. Тры жаўнеры пахадзілі-пахадзілі вакол, пашукалі-пашукалі ды патупалі даганяць астатніх, і ня шум баравы.

«Вы сьцялі тым безгаловым галовы?» крыкнула жаўнерам Каралева.

«Безгаловых як не было, Вашая Вялікасьць!» гаркнулі ў адказ жаўнеры.

«Выдатна!» цяўкнула Каралева. «Згуляем у кракет?»

Жаўнеры гэтым разам маўчалі, пазіраючы на Алесю— відаць, пытаньне задавалася ёй.

«Але!» гукнула Алеся.

«Дык хадзі сюды!» рыкнула Каралева. Алеся далучылася да шэсьця, бо ёй карцела пабачыць, што ж будзе далей.

«Сёньня—сёньня цудоўнае надвор'е!» вымавіў нейчы слабы галасочак. Яна азірнулася: гэта Белы Трус запабягаў перад ёю, баязьліва заглядаючы ёй у вочы.

«Найцудоўнейшае!» пагадзілася Алеся. «А дзе Княгіня?»

«Ш-ш!» як мага цішэй перарваў яе Трус. Пад тое ён трывожна азірнуўся, потым прыўзьняўся на дыбачкі і прашаптаў Алесі на вушка: «Яна засуджаная на сьмерць.»

«І за што?» спыталася Алеся.

«Вы сказалі „Ні за што!"?» недачуў Трус.

«Не, я гэтага не казала. Ці мала за што яе можна засудзіць. Я хацела ведаць, за што менавіта?»

«Яна накруціла Каралеву за вушы—» пачаў Трус. Алеся не ўтрымалася ад сьмеху. «Ой, цішэй!» спалохана зашаптаў Трус. «Каралева пачуе! Рэч у тым, што Княгіня моцна спазьнілася, а Каралева сказала—»

«Усе па сваіх месцах!» зараўла Каралева грамавым голасам. Усе пачалі мітусіцца туды-сюды, спатыкаючыся адзін аб аднаго. Аднак за пару хвілін гульцы разьмеркаваліся і гульня пачалася.

Алеся ў жыцьці ня бачыла такой дзіўнай кракетнай пляцоўкі: усюды адны гурбы ды разоры, замест кракетных куляў—жывыя вожыкі, бітамі служылі жывыя флямінга, а жаўнеры мусілі сагнуцца напалам і, стоячы на зямлі рукамі й нагамі, удаваць зь сябе брамкі.

Галоўная цяжкасьць, зь якой Алеся спатыкнулася на самым пачатку, палягала ўва ўтаймаваньні флямінга.[51] Каб хоць неяк выкруціцца, яна запхнула тулава флямінга сабе пад паху, нагамі ўніз. Але ж варта было Алесі выпрастаць да належнага стану птушыную шыю, каб лупцануць па вожыку флямінгавай галавой, як птушка шторазу выгіналася і так зьбянтэжана зазірала Алесі ў вочы, што дзяўчынка не магла не сьмяяцца. А калі яна пераварочвала флямінга галавой уніз і зноў рыхтавалася да ўдару, то вожык, як наўмысна, пасьпяваў ужо тым часам разгарнуцца й адпаўзьці. Апрача таго, на дарозе яе вожыкаў, як на злосьць, штораз трапляліся яміны, а жаўнеры ўвесь час уставалі й пераходзілі на іншае месца пляцоўкі. Адным словам, Алеся неўзабаве прыйшла да высновы, што тутэйшы кракет—насамрэч вельмі складаная гульня.

Усе гулялі адначасна, без чаргі,[52] і раз-пораз сварыліся ды біліся за вожыкаў. Найменш цярплівай аказалася Каралева, што неўзабаве пачала лётаць па пляцоўцы, разьюшана тупаючы нагамі й штохвіліны крычучы: «Сьцяць яму галаву! Сьцяць ёй галаву!»

Алеся пачувалася ніякавата. Праўда, сама яна з Каралевай яшчэ не пасварылася, аднак разумела, што сутычка можа адбыцца ў любы момант. «Што будзе тады са мною?» падумала яна. «Тут страшна любяць сьцінаць людзям галовы. Дзіўна, што тут увогуле яшчэ застаўся нехта жывы!»

Дзяўчынка стала разглядацца, шукаючы магчымасьці ціхенька зьнікнуць, калі раптам угледзела дзівосную паветраную зьяву. Тая спачатку зьбіла яе з панталыку, але пасьля хвілінныхназіраньняў Алеся ўпэўнілася, што гэта лунае ўсьмешка. «Кот-Дабрушанін!» сказала яна сабе. «Цяпер будзе хоць да каго слова закінуць.»

«Ну як, набіла руку на кракеце?» спытаўся Кот, як толькі ў паветры цалкам зьявіўся ягоны рот, і ён стаў здольны штосьці вымавіць.

Алеся пачакала, пакуль пакажуцца вочы, і тады хітнула галавою.[53] «Які сэнс яму нешта казаць,» падумала яна, «пакуль не відаць ані вуха.» Праз хвіліну зьявілася ўся галава. Алеся паставіла свайго флямінга на зямлю і пачала расказваць пра гульню, вельмі радая, што сустрэла суразмоўцу. А Кот, пэўна, вырашыў, што цяпер яго паказалася досыць, і ўжо болей ня рос.

«Па-мойму, яны ўсе гуляюць бяз правілаў,» пачала Алеся скардзіцца. «Яны так б'юцца й крычаць, што нічагуткa не чуваць. Можа, у іх наагул правілаў няма. А калі яны й ёсьць, іх ніхто не пільнуецца. Вы не ўяўляеце сабе, як лёгка заблытацца, калі ўсё навокал варушыцца. Вунь, прыкладам, брамка, якую я павінна прайсьці, шпацыруе на другім канцы поля. Я мусіла ўдарыць па вожыку Каралевы, але ён уцёк, калі ўбачыў, што я набліжаюся!»

«А як табе Каралева?» ціхенька спытаўся Кот.

«Зусім не падабаецца,» прызналася Алеся. «Яна так—» Раптам яна заўважыла, што Каралева стаіць у яе за сьпінаю і прыслухоўваецца. «—моцна гуляе,» не разгубілася Алеся, «што проста хоць ты адразу здавайся.»[54]

Каралева ўсьміхнулася й рушыла далей.

«З кім ты гаворыш?» пацікавіўся Кароль, падыходзячы да Алесі і зь цікаўнасьцю паглядаючы на кацінуюгалаву.

«Гэта мой сябар, Кот-Дабрушанін,» сказала Алеся. «Дазвольце, я вас пазнаёмлю.»

«Нейкі нядобры ў яго твар,» заўважыў Кароль, «але ўсё адно ён можа пацалаваць мне руку, калі мае ахвоту.»

«Дзякуй, абыдуся,» адмовіўся Кот.

«Што за дзёрзкасьць!» абурыўся Кароль. «І ня трэба на мяне *гэтак* глядзець!» З гэтымі словамі ён схаваўся за Алесю.

«На вас кожны глядзіць па-свойму: і Жук, і Жаба, і *Кот*, і баба,» зазначыла яму Алеся. «Я пра гэта чытала ў нейкай кнізе, ня помню толькі дзе.»

«Яго трэба адтуль прыбраць,» пастанавіў Кароль і клікнуў Каралеву, якая праходзіла побач. «Мая даражэнькая! Вы мне патрафілі б, калі б загадалі прыбраць гэтага ката!»

У Каралевы быў толькі адзін спосаб разьвязаньня ўсіх праблемаў, як вялікіх, так і малых. «Сьсячэце кату галаву!» заявіла яна, нават не зірнуўшы ў той бок.

«Пайду асабіста прывяду ка́та,» нецярпліва сказаў Кароль і засьпяшаўся ўпрочкі.

Пачуўшы здалёк утрапёны роў Каралевы, Алеся падумала, што варта вярнуцца да гульні. Яна ўжо чула, як Ейная Вялікасьць прысудзіла трох гульцоў, што абмінулі сваю чаргу, да пакараньня горлам. Алесі зусім не спадабалася такая замятня, калі не разабраць, за кім чыя чарга, і хутчэй пайшла шукаць свайго вожыка.

Знайшла: той біўся зь іншым. Гэта падалося Алесі цудоўнай нагодай загнаць абодвух у брамку. Але дзе там! Яе флямінга даўно ўцёк на іншы край саду і безь вялікіх посьпехаў спрабаваў узьляцець на дрэва.

Калі яна злавіла флямінга і вярнулася, вожыкі ўжо кончылі біцца і некуды запрапасьціліся. «Не бяды,» падумала Алеся, «усё адно брамкі таксама ўцяклі.» Яна ўзяла флямінга пад паху, каб той зноў ня ўцёк, і скіравалася назад да свайго сябра-Ката, каб пагаварыць зь ім яшчэ.

Але вакол таго, на яе зьдзіўленьне, назьбіраўся ладны натоўп. Кат, Кароль і Каралева пра нешта спрачаліся, перакрыкваючы адно аднаго, а астатнія захоўвалі цішыню й выглядалі досыць ніякавата.

Калі зьявілася Алеся, усе трое папрасілі яе разьвязаць спрэчку. Кожны прывёў довады на карысьць сваёй рацыі, але паколькі яны гаварылі адначасова, ёй было досыць цяжка разабраць іхнія словы.[55]

Довад ката палягаў у тым, што немагчыма сьсячы галаву, калі няма цела, ад якога яна павінна быць аддзеленая. Маўляў, ён ніколі ня чуў аб нечым падобным раней і *першым* у гісторыі на такое не наважыцца.

Довад Караля палягаў у тым, што ўсё, што мае галаву, можа быць яе пазбаўленае, і няма чаго лухты вярзьці.

Довад Каралевы палягаў у тым, што калі з гэтым Катом зараз жа не разьбяруцца, дык пастрачваюць галовы ўсе *пагалоўна*! (Акурат гэтая заўвага асабліва ўсхвалявала й азмрочыла грамаду.)

Алеся нічога не магла прыдумаць, як толькі сказаць: «Кот належыць Княгіні, і лепш у *яе* спытацца, што зь ім рабіць.»

«Яна ў турме,» сказала Каралева ка́ту. «Прывесьці яе сюды!»

Той паляцеў з хуткасьцю стралы, а галава Ката адразу пачала зьнікаць. Калі ж кат прывёў Княгіню, Кот ужо выпарыўся дазваньня. Кароль з катам замітусіліся, шукаючы Ката, а ўсе астатнія тым часам вярнуліся да гульні.

**Разьдзел IX**

# Гісторыя Бычарапахі

«Вы не ўяўляеце сабе, якая я радая зноў вас бачыць, сябровачка мая дарагая!» прывітала Алесю Княгіня. Яна ласкава ўзяла дзяўчынку пад локаць і кудысьці яе павяла.

Алеся ўсьцешылася, што ў Княгіні такі зычлівы настрой, і дапусьціла, што тады, пры першай сустрэчы на кухні, тая была такой дзікай ад перцу.

«Калі *я* стану Княгіняю,» заманулася Алесі (хоць яна й ня надта на такое спадзявалася), «у мяне на кухні ня будзе перцу зусім. Суп смачны й безь яго—Можа, гэта ад перцу людзі адзін аднаго перацьць—» Яна ўпадабала, што натрапіла на новую заканамернасьць, і разьвіла сваю думку: «Ад кіслага малака—скісаюць, ад гарэлкі—гаруюць—трэба карміць дзяцей усякай слодыччу, тады зь імі будзе—ну проста асалода. От каб людзі *гэта* ведалі: тады яны не шкадавалі б дзецям салодкага—»

Дзеля сваіх развагаў яна амаль забылася пра Княгіню і таму крыху спалохалася, пачуўшы над самым вухам ейны голас: «Ты так задумалася пра нешта, каханенькая, што табе нават няма калі падтрымліваць гутарку. У чым тут мараль, я адразу й ня ўспомню, але неўзабаве згадаю.»

«Можа, ні ў чым,» нясьмела дапусьціла Алеся.

«Ай-яй-яй, дзіця-дзіця!» паўшчувала яе Княгіня. «Ува ўсім ёсьць нейкая мараль. Трэба толькі ўмець яе знайсьці!» І з гэтымі словамі яна прытулілася да Алесі.

Алесі ня вельмі падабалася імкненьне Княгіні трымацца як мага бліжэй. Найперш таму, што Княгіня была *надта* брыдкая, а па-другое—ейны рост акурат дазваляў ёй абапірацца сваім вострым падбародзьдзем на Алесіна плячо. Аднак дзяўчынцы не хацелася быць няветлаю, і яна, як магла, цярпела на плячы Княгініну галаву.

«Гульня, здаецца, пайшла хутчэй,» сказала Алеся, каб неяк падтрымаць размову.

«Так,» пагадзілася Княгіня. «І тут мараль: „Кахай, цябе хутчэй зямля заверне!“»

«А нехта, помню, казаў,» прашаптала Алеся, «што зямля хутчэй завярцелася б тады, калі б людзі ня совалі носа ў чужое проса!»

«Ну так! Гэта ж тое самае,» сказала Княгіня і ўпілася барадою ў Алесіна плячо, дадаўшы: «І тут мараль: „Голас да голасу—толк будзе“.»[56]

«Во дзе ёй падабаецца ўсюды шукаць мараль!» падумалася Алесі.

«Ты, бадай, дзівісься, чаму я не абдыму цябе за талію?» счакаўшы, запыталася Княгіня. «Рэч у тым, што я не давяраю нораву твайго флямінга. Але, можа, варта паспрабаваць?»

«Ён можа скубануць,» папярэдзіла Алеся, якая зусім не хацела падвяргацца такім выпрабаваньням.

«Праўду кажаш!» пагадзілася Княгіня. «Флямінга скубуцца ня горш за гарчыцу. І тут мараль: “Якое семя, такое й емя”.»

«Адно што флямінга—гэта ня семя,» зазначыла Алеся, «а гарчыца—ня птушка.»

«Ты, як заўсёды, маеш рацыю!» зноў заківала Княгіня. «Як ты добра ва ўсім разьбіраесься!»

«*Па-мойму*, гарчыца—мінэрал,» працягвала разважаць Алеся.

«Мяноўна мінэрал,» падтакнула Княгіня, гатовая пагадзіцца ці не з усім, што казала Алеся. «Непадалёк адсюль можна накапаць шмат мінэральнае гарчыцы. І тут мараль: „Хто на другога яму капае, сам туды трапляе“.»

«Успомніла!» усклікнула Алеся, не зьвярнуўшы ўвагі на апошнюю выснову. «Гарчыца—гэта фрукт! Крыху іншы за простую садавіну, але ўсё-ткі.»

«Я цалкам згодная,» сказала Княгіня. «І тут мараль: „Ня быў бы Рымшам—быў бы іншым“. Альбо, калі перадаць гэтую самую думку прасьцей: „Ніколі не імкніся здацца іншым, чым ты ёсьць, каб іншым не здалося, што тое, які ты меў быць, было іншым, чым тое, які ты быў, інакш іншым здасца, што ты іншы“.»

«Я лепш зразумела б,» сказала Алеся вельмі ветла, «калі б вы мне гэта напісалі. А то на слых мне цяжкавата ўлавіць сэнс.»

«Гэта яшчэ што ў параўнаньні з тым, што я магла б выдаць, калі б захацела,» задаволена адказала Княгіня.

«Прашу вас, не ўскладайце на сябе яшчэ цяжэйшай задачы,» замалілася Алеся.

«Пра якую цяжкасьць ты гаворыш!» замахала рукою Княгіня. «Усё, што я дагэтуль сказала, я складаю да тваіх ног—у падарунак.»

«Не падарунак, а абы-што!» абурылася ў думках Алеся. «Як добра, што людзі ня дораць адзін аднаму на народзіны такіх падарункаў!» Аднак паўтарыць гэта ўголас яна не насьмелілася.

«Зноў задумалася?» Княгіня яшчэ глыбей уперлася ў Алесіна плячо востраю барадою.

«Я маю права думаць столькі, колькі захачу,» адказала Алеся даволі рэзка, бо Княгіня ўжо пачынала ёй надакучваць.

«Ты маеш такое ж права думаць,» заявіла Княгіня, «як сьвіньні лётаць, і тут м—»

Але, на вялікае зьдзіўленьне Алесі, голас Княгіні перарваўся на пачатку яе ўлюбёнага слоўца «мараль,» а руку, якою яна трымалася за Алесін локаць, раптам узялі дрыжыкі. Алеся падняла вочы і ўбачыла, што перад імі, склаўшы рукі на грудзях і нахмурыўшы бровы, як навальнічная хмара, стаіць Каралева.

«Пагодны дзянёк, Вашая Вялікасьць!» прамармытала Княгіня ціхім, слабым голасам.

«Папярэджваю цябе апошні раз,» закрычала Каралева і тупнула нагою, «альбо ты праз паўсэкунды кінесься на скрут галавы ўпрочкі, альбо застанесься—без галавы! Выбірай!»

Княгіня выбрала й зараз жа зьнікла.

«Працягваем гульню!» скамандавала Алесі Каралева. Алеся была занадта напалоханая, каб прамовіць хоць слова, і ціхутка пайшла сьледам да кракетнай пляцоўкі.

Тым часам госьці, карыстаючыся з адсутнасьці гаспадыні, прылягли адпачыць у цяньку. Убачыўшы яе, яны ўмомант кінуліся на пляцоўку, варта было Каралеве абвясьціць, што той, хто зараз жа ня вернецца на поле, заплаціць за марнаваньне часу галавою.

Усю гульню Каралева няспынна сварылася з гульцамі й гарлала: «Сьцяць яму галаву! Сьцяць ёй галаву!» Асуджаных салдаты выправоджвалі пад арышт. Ясная рэч, дзеля гэтага яны мусілі пакідаць поле, і за якія паўгадзіны на полі не засталося ніводнай брамкі, а ўсе гульцы, апрача Караля, Каралевы й Алесі, знаходзіліся пад вартай ды чакалі сьмерці.

Тады Каралева спынілася, задыханая, і запыталася ў Алесі: «Ты ўжо бачыла Бычарапаху?»

«Не,» адказала Алеся. «Я нават ня ведаю, што гэта такое.»

«Зь яе вараць бычарапахавы суп,» патлумачыла Каралева.[57]

«Ніколі ня бачыла, нават ня чула,» паўтарыла Алеся.

«То хадзем—пабачыш,» прапанавала Каралева, «і пачуеш яе гісторыю.»

Толькі яны адышліся, Алеся пачула, як Кароль ціхенька паведаміў усёй арыштанцкай партыі: «Вам усім даравана.»

«Ну во, гэта ўжо лепей!» сказала сабе Алеся, бо яе вельмі маркоціла гэткая колькасьць сьмяротных прысудаў.

Неўзабаве яны пабачылі Грыфона, што драмаў на сонцы. (Калі вы ня ведаеце, як выглядае Грыфон, зірнеце на малюнак.) «Уставай, гультаіна,» прыкрыкнула на яго Каралева, «і завядзі паненку да Бычарапахі! Хай тая раскажа ёй сваю гісторыю. А я мушу вярнуцца й прасачыць за адсячэньнем парачкі гарачых галоваў.» І пайшла, пакінуўшы Алесю з Грыфонам. Нельга сказаць, што Алеся прыйшла ў захапленьне ад выгляду гэтай пачвары, але, калі падумаць (а Алеся й падумала), то заставацца што з Грыфонам, што з гняўлівай Каралеваю было аднолькава небясьпечна. Алеся засталася з Грыфонам.

Той узьняўся, сеў і прадзёр вочы. Потым паўзіраўся Каралеве ўсьлед, пакуль тая ня зьнікла, а тады захіхікаў. «Во дзе сьмехата!» сказаў Грыфон ці то сабе, ці то Алесі.

«*Дзе* сьмехата?» ня ўцяміла тая.

«Ды *вунь* пайшла!» паказаў Грыфон. «Усё яна прыдумляе, ведама: яны ніколі нікога не караюць. Хадзем хутчэй!»

«І кожны табе загадвае „Хутчэй“!» сама сабе думала Алеся, сунучыся памалу за Грыфонам. «Мною яшчэ ніколі ў жыцьці столькі не камандавалі, як тут!»

Не прайшлі яны й трохі, як здалёк пабачылі Бычарапаху, што ў скрушнай самоце сядзела на скалістым беразе. Калі ж яны падышлі бліжэй, Алеся пачула, што тая ўздыхае так горка, быццам у яе зараз сэрца разарвецца ад скрухі. Алесі стала вельмі-вельмі шкада Бычарапахі. «Што ў яе за бяда?» спыталася дзяўчынка ў Грыфона. Той адказаў амаль тымі самымі словамі, якімі гаварыў пра каралеву: «Усё яна прыдумляе: няма ў яе ніякай бяды! Хадзем!»

Яны падступілі да Бычарапахі, якая моўчкі зірнула на іх вялікімі вачыма, поўнымі сьлёз.

«Гэтая во спадарычна,» кінуў Грыфон, «хоча паслухаць тваю гісторыю. Каб я так жыў!»

«Добра, раскажу,» азвалася Бычарапаха глыбокім, глухім голасам. «Сядайце—і ні слова, пакуль я ня скончу.»

Сеўшы, яны колькі хвілінаў маўчалі. «Не разумею, як яна зьбіраецца наагул *скончыць*, калі дагэтуль не пачала,» падумала Алеся, але цярпліва чакала.

«Некалі,» глыбока ўздыхнуўшы, сказала нарэшце Бычарапаха, «я была сапраўднаю Чарапахай.»

Пасьля гэтых словаў ізноў запанавала доўгая цішыня, перарываная рэдкімі Грыфонавымі ўскрыкамі (накшталт «Гхкррг!») і няспынным румзаньнем Бычарапахі. Алеся ўжо зьбіралася ўзьняцца й сказаць: «Дзякуй вам, спадарыня, за вашую цікавую гісторыю,» але ніяк не магла паверыць, што працягу ня будзе, таму й сядзела ціхенька.

«Калі мы былі маленькія,» супакоіўшыся, загаварыла нарэшце Бычарапаха, хоць раз-пораз яшчэ шморгала носам, «мы хадзілі ў морскую школу. Настаўнікам быў адзін стары Чарапах, якога мы міжсобку называлі Ваўкадаўчык—»

«Чаму ж вы называлі яго Ваўкадавам, калі ён быў Чарапахам?» зьдзівілася Алеся.

«Мы называлі яго Ваўкадаў, бо ён у нас выкладаў,» раздражнёна патлумачыла Бычарапаха. «Але ж ты тупая, трэба сказаць!»

«Сорамна задаваць такія прымітыўныя пытаньні,» дадаў Грыфон. І жывёліны так красамоўна ўтаропіліся на бедную Алесю, што ёй захацелася праваліцца скрозь зямлю. Нарэшце Грыфон сказаў Бычарапасе: «Давай далей, матухна! Не сядзець жа нам тут цэлы дзень!» І тая зноў загаварыла:—

«Так, мы хадзілі ў морскую школу, ты не паверыш—»

«Я не казала, што вам не паверу!» перабіла Алеся.

«Казала,» буркнула Бычарапаха.

«Змоўкні!» цыкнуў Грыфон, перш чым Алеся здолела што адказаць. Бычарапаха працягвала.

«У нас была найлепшая адукацыя—мала таго, мы хадзілі ў штодзённую школу—»

«Я таксама хаджу ў дзённую школу,» сказала Алеся. «Няма тут чым ужо так ганарыцца!»

«А ў вас былі заняткі ў прыдачу?» захвалявалася Бычарапаха.

«А то не!» пахвалілася Алеся. «Французская мова й музыка.»

«І мыцьцё бялізны?» выпытвала Бычарапаха.

«Не, гэтага не было!» абурылася Алеся.

«А-а! Значыць, у вас была ня школа, а абы-што,» з палёгкай у голасе сказала Бычарапаха. «А вось у *нашым* сьпісе прадметаў былі французская мова, музыка *й мыцьцё бялізны*—у прыдачу.»[58]

«Толькі ці прыдалося яно вам у жыцьці?» усумнілася Алеся. «Вы ж пражывалі на дне мора.»

«На мыцьцё бялізны ў бацькоў грошай не было,» уздыхнула Бычарапаха. «Я наведвала толькі абавязковыя прадметы.»

«А што за яны?» пацікавілася Алеся.

«Ну, найперш, вядома, нас вучылі Часаць і Пытаць,» адказала Бычарапаха. «Пасьля пайшлі розныя галіны арытмэтыкі: Складаваньне, Абдыманьне, Гожаньне і Зьзяленьне.»

«Ніколі ня чула ні пра якае „Гожаньне“,» прызналася Алеся. «Што гэта?»

Грыфон ад зьдзіву ажно лапамі разьвёў. «Яна ня ўмее гожаць!» усклікнуў ён. «Спадзяюся, ты хоць ведаеш, што значыць „прыгажэць“?»

«Ведаю,» няўпэўнена сказала Алеся. «Гэта значыць—рабіцца—прыгажэйшым—»

«У такім разе,» абвясьціў Грыфон, «калі ты не разумееш, што такое „Гожаньне“, ты поўная дурніца.»

Алесі ад такога адказу расхацелася задаваць далейшыя пытаньні на гэтую тэму, таму яна зноў павярнулася да Бычарапахі: «А што яшчэ вы вывучалі?»

«Яшчэ ў нас была Гістэрыя,» Бычарапаха ўзялася падлічваць навукі на сваіх плаўнікох. «Гістэрыя ўсясьветная й нацыянальная, Прыводазнаўства, потым Баляваньне—яго выкладаў стары вугор, які прыходзіў да нас раз на тыдзень і вучыў нас Баляваньню, Прыставаньню і Разьвярству.»

«А гэта як?» зьдзівілася Алеся.

«Ну, сама я табе гэтага не пакажу,» сказала Бычарапаха, «рэзвасьць ужо ня тая. А Грыфон гэтага ў школе не праходзіў.»

«Ня меў калі,» пагадзіўся Грыфон. «Я вывучаў клясычную філянтропію. Яе ў нас чытала адна старая выдра—сапраўдная выдра!»

«Я да яе не хадзіла,» з уздыхам падхапіла Бычарапаха. «Яна расказвала пра старажытныя й старапшанічныя камэдыі й трагедыі—»

«Было, было,» пацьвердзіў Грыфон, уздыхаючы ў сваю чаргу. І абедзьве істоты скрушна затулілі лапамі пысы.

«І колькі гадзінаў у дзень у вас доўжыліся заняткі?» спыталася Алеся, каб хутчэй скіраваць гутарку ў іншае рэчышча.

«Першы дзень дзесяць гадзінаў, другі дзевяць—і гэтак далей.»

«Што за дзіўная праграма!» усклікнула Алеся.

«Таму яна й называецца праграма,» заўважыў Грыфон, «што дзень пры дні яна па грамах зьмяншаецца.»

Гэтая зьвестка была для Алесі новай, і яна крыху падумала над ёю, перш чым зноў падала голас: «Тады, мусіць, адзінаццаты дзень у вас быў выхадны?»

«А няўжо ж! Выхадны,» пагадзілася Бычарапаха.

«А што вы рабілі на дванаццаты дзень?» пацікавілася Алеся.

«До ўжо пра школу!» абарваў нецярпліва Грыфон. «Раскажы ёй што-кольвек пра гульні.»

## Разьдзел X

# Кадрыля з амарамі

Бычарапаха глыбока ўздыхнула й змахнула сьлязу плаўнікам. Яна зірнула на Алесю, намагаючыся нешта прамовіць, аднак яшчэ хвілю-другую яе душылі сьлёзы. «*Падобна*, што ў яе ў горле костка засела,» сказаў Грыфон і пачаў трэсьці сваю сяброўку ды малаціць ёй у плечы. Нарэшце да Бычарапахі вярнуўся голас і, заліваючыся сьлязьмі, яна пачала:—

«Наўрад ці табе даводзілася доўгі час жыць на дне мора—» («Не даводзілася,» пагадзілася Алеся.) «—таму наўрад ці ты знаёмая з амарам—»[59] (Алеся ўжо адкрыла рот, каб сказаць: «Амара я аднойчы каштавала,» аднак у час паправілася: «Не, не знаёмая») «—так што ты, відаць, ня можаш сабе ўявіць, якая гэта шыкоўная штука—кадрыля з амарамі!»

«Праўда, не магу,» прызнала Алеся. «А што гэта за танец?»

«Карацей,» узяўся тлумачыць Грыфон, «спачатку становяцца ўздоўж берагу радочкам—»

«Двума!» усклікнула Бычарапаха. «Морскія коцікі, чарапахі, ласосі й гэтак далей. Тады, папярэдне расчысьціўшы бераг ад мэдуз—»

«А яны звычайна займаюць багата *часу*,» усунуўся Грыфон.

«—вы робіце два крокі наперад—»

«Кожны ў пары з амарам!» закрычаў Грыфон.

«А то!» пацьвердзіла Бычарапаха. «Два крокі наперад пад ручку з амарам—»

«—зьмена амараў і два крокі назад у тым жа парадку,» не супакойваўся Грыфон.

«Потым,» працягвала Бычарапаха, «вы шпурляеце ама—»

«Амараў!» крыкнуў Грыфон, ажно падскочыўшы.

«—як мага далей у мора—»

«Плывяце за імі!» выгукнуў Грыфон.

«Робіце ў моры сальта!» завішчала Бычарапаха, гоцаючы вакол Алесі.

«Зноў мяняецеся амарамі!» зароў Грыфон, зрываючы голас.

«Вяртаецеся на сушу—і гэта канец першай фігуры,» падвяла рысу Бычарапаха нечакана спакойным тонам. Абедзьве істоты, якія толькі што апантана скакалі, як вар'яты, прыселі й заціхлі, смутна пазіраючы на Алесю.

«Напэўна, гэта вельмі прыгожы танец,» асьцярожна зазначыла Алеся.

«Хочаш, мы табе зь яго нешта прадэманструем?» спыталася Бычарапаха.

«Не сумнявайцеся,» пацьвердзіла Алеся.

«Хадзем, паспрабуем паказаць ёй першую фігуру!» прапанавала Бычарапаха Грыфону. «Мы можам пусьціцца ў скокі й без амараў, яны ж нам без патрэбы. Толькі хто будзе сьпяваць?»

«Лепей *ты* сьпявай,» саступіў Грыфон. «Я забыўся на словы.»

І яны закружыліся вакол Алесі, раз-пораз наступаючы ёй на ногі і махаючы лапамі ў такт мэлёдыі, на якую Бычарапаха павольна й жаласьліва сьпявала:—

*«„Пасьпяшаймася“, бялуга заклікае сьлімака,*
*„Кашалёт мне хвост адчавіць, час даваць нам драпака!*
*Паглядзі, амары цягнуць чарапахаў за сабой!*
*Дамы просяць кавалераў—ці пусьціўся б ты са мной?*

*Ці пусьціўся б? Ці скакаў бы? Ці скакаў бы ты са мной?*
*Ці пусьціўся б? Ці скакаў бы? Ці скакаў бы ты са мной?*

*Ты, напэўна, не ўяўляеш, як мы зробім выкрунтас,*
*Калі, быццам тых амараў, зашпурнуць у мора нас!"*
*Ды сьлімак спытаў: „У мора?" і спадлоба паглядзеў.*
*„Не", сказаў ён, „шчыры дзякуй", танцаваць жа не схацеў.*
*Не схацеў: ня ўмеў, баяўся танцаваць, дый не хацеў.*
*Не схацеў: ня ўмеў, баяўся танцаваць, дый не хацеў.*

*„Ну і што з таго, што ў мора?", зноўку рыба сьлімаку.*
*„Ня што іншае, як бераг у яго на тым баку.*
*Не пасьпееш азірнуцца—нас там выкіне прыбой.*
*Быў бы другам ты бялугам—ці пусьціўся б ты са мной?*
*Ці пусьціўся б? Ці скакаў бы? Ці скакаў бы ты са мной?*
*Ці пусьціўся б? Ці скакаў бы? Ці скакаў бы ты са мной?"»*

«Дзякуй! Гэта вельмі цікавы танец, асабліва калі на яго глядзіш,» сказала Алеся, у душы страшэнна радая, што яны ўрэшце кінулі свае гоцалкі. «І песенька пра бялугу такая пацешная! Мне спадабалася.»

«А што да бялугаў,» ажывілася Бычарапаха, «дык яны—ты бачыла бялугаў, спадзяюся?»

«Так,» кіўнула Алеся, «у нас часта бывае бялужын—» І тут жа асеклася.

«Зь Бялужыным не знаёмая,» заўважыла Бычарапаха, «але калі ты бачысься зь бялугамі так часта, дык, пэўна, ведаеш, як яны выглядаюць?»

«Але, анягож,» задуменна адказала Алеся. «Яны звычайна без галоваў і пад соўсам.»

«Наконт соўсу ты памыляесься,» запярэчыла Бычарапаха. «Яго змыла б морская вада. А галовы яны *й праўда* згубілі, бо—» Тут Бычарапаха нечакана пазяхнула й прымружыла вочы. «Раскажы ёй, чаму яны згубілі галовы і ўсё такое—» зьвярнулася яна да Грыфона.

«Згубілі таму,» падхапіў Грыфон, «што іх *ня трэба* запрашаць танчыць з амарамі—яны самі ідуць. Ну, амары іх і захапляюць, каб шпурнуць у мора. А раз яны захапляюцца, значыць, і губляюць галаву, а пасьля не пасьпяваюць знайсьці яе. Вось і ўсё.»

«Дзякуй,» сказала Алеся, «гэта вельмі цікава. Я ня ведала так шмат падрабязнасьцяў пра бялугу.»

«Я б расказаў табе яшчэ больш, каб ты хацела,» дадаў Грыфон. «Ты ведаеш, напрыклад, чаму яны завуцца бялугамі?»

«Ніколі пра гэта ня думала,» прызналася Алеся. «А чаму?»

«*Таму што імі чысьцяць боты дабяла*,» урачыста заявіў Грыфон.

Алеся зусім зьбілася з тропу. «Чысьцяць боты дабяла?» паўтарыла яна зьдзіўлена.

«А ты боты чым чысьціш?» папытаўся Грыфон. «То бок ад чаго яны ажно зіхцяць?»

Алеся зірнула на свае чаравічкі і крыху задумалася, перш чым адказаць. «Мне здаецца, што іх шаруюць чорным крэмам—*дачарна*, а не дабяла.»

«А морскі абутак,» павучальна сказаў Грыфон, «шаруюць дабяла бялугаю. Вось табе і адказ.»

«А якія яны, морскія боты?» узяла цікаўнасьць Алесю.

«З морскімі язычкамі й ментузкамі, натуральна,» Грыфону ўжо надакучыла ўсё тлумачыць. «Ня верыш—запытайся ў любой крэветкі.»

«Калі б я была бялугаю,» прамовіла Алеся, якая ўсё яшчэ знаходзілася пад уражаньнем песенькі, «я б сказала таму кашалёту: „Не напірайце так, шаноўны! Трымайцеся ад нас далей!“»

«Бялугі абавязаныя трымацца свайго кашалёта,» падала голас Бычарапаха. «Ніводная разумная рыбіна нікуды ня пойдзе без кашалёта.»

«Зусім нікуды?» моцна зьдзівілася Алеся.

«Зусім,» пацьвердзіла Бычарапаха. «Калі б якая рыбіна паведаміла *мне*, што кудысьці зьбіраецца, я б адразу папыталася ў яе: „А твой кашалёт—пры табе?“»

«Вы маеце на ўвазе—„кашалёк“?» здагадалася Алеся.

«Я маю на ўвазе тое, што ты чула,» пакрыўдавала Бычарапаха. А Грыфон дадаў: «Лепей ты раскажы нам што-небудзь з *сваіх* прыгодаў.»

«Я б магла расказаць вам пра свае прыгоды, пачынаючы зь сёньняшняй раніцы,» няўпэўнена сказала Алеся, «бо пачынаць ад учора—няма сэнсу. Тады я была іншым чалавекам.»

«Растлумач, што гэта значыць,» запатрабавала Бычарапаха.

«Не, не! Спачатку прыгоды,» нецярпліва ўсклікнуў Грыфон. «Тлумачэньні займаюць страшэнна шмат часу.»

І Алеся пачала апавядаць ад таго моманту, як яна ўпершыню ўбачыла Белага Труса. Праўда, напачатку, калі абедзьве істоты, разявіўшы пашчы і вырачыўшы вочы, абселі яе зусім блізка, яна крыху нэрвавалася, але патроху разгаварылася. Удзячная публіка слухала яе ў поўнай цішыні, пакуль Алеся не дайшла да таго месца, як яна чытала Вусеню *«Дзядзьку ў Вільні,»* а словы выходзілі зусім ня тыя. Тут Бычарапаха глыбока ўздыхнула й заўважыла: «Вельмі цікавая гісторыя!»

«Цікавей не бывае!» адзначыў Грыфон.

«Усе словы навыварат,» задуменна прамовіла Бычарапаха. «Каб яна цяпер што пачытала, я б ахвотна паслухала. Скажы ёй, хай пачынае.» І зірнула на Грыфона так, быццам той меў на Алесю які ўплыў.

«Устань і прачытай нам *„Курган“*,» загадаў Алесі Грыфон.[60]

«Вось раскамандаваліся: адказвай ім, як настаўнікам!» абурылася сама сабе Алеся. «Можна падумаць, што я ў школе!» Тым ня менш яна ўстала й пачала чытаць верш, але галава яе яшчэ была моцна задураная кадрыляю з амарамі, і дзяўчынка сама ня ведала, што кажа. Словы сапраўды выходзілі вельмі дзіўныя:—

*«Паміж хустак, банкнот наракае Амар:*
*„Вы мяне пасьпяшаліся кінуць у вар,*
*калі б вы пачакалі, дык ботаў мыскі*
*я б сваім доўгім носам разьвёў у бакі“.*
*Ён у часе адліву пяе, як жаўрук—*
*роў акулы нагадвае песенькі гук.*
*Ды як толькі акулаў прыносіць прыліў—*
*ные ён, бы яму хто на хвост наступіў.»*

«Зусім ня тое, чаму *мяне* вучылі ў дзяцінстве,» зазначыў Грыфон.

«А я дык увогуле ўпершыню чую такую бязглузьдзіцу,» сказала Бычарапаха.

Алеся прамаўчала. Яна села на зямлю і ў адчаі захінула тварык рукамі. Няўжо больш *ніколі* ня вернецца нармальнае жыцьцё?

«Можа, ты мне патлумачыш, пра што гэты верш?» папрасіла Бычарапаха.

«Яна ня ўмее тлумачыць,» хутчэй перабіў сяброўку Грыфон. «Чытай наступны слупок!»

«Але што там пра мыскі?» настойвала Бычарапаха. «Як ён мог разьвесьці іх у бакі сваім носам?»

«Гэта першая танцавальная пазыцыя,» спрабавала патлумачыць Алеся, але сама страшэнна заблыталася й прагнула зьмяніць тэму.

«Давай з наступнага разьдзелу,» зноў закамандаваў Грыфон. «Ён пачынаецца *„На гары на крутой—“.*»

Алеся не магла не паслухацца, хоць была ўпэўненая, што ўсё зноў выйдзе зусім ня так, і дрыготкім голасам пачала:—

*«На гары на крутой я падгледзеў няўзнак,*
*Як Пугач і Пантэра дзялілі праснак:*
*І скарынку, і мякіш Пантэра ўзяла,*
*Пугачу ж засталося прыбраць са стала.*
*У кішэню Пугач сабе лыжку паклаў,*
*А ў Пантэры й далей апэтыт нарастаў,*
*І таму на дэсэрт, праснака апрача,*
*Яна зьела даверлівага——»*

«Што за карысьць ад такога чытаньня,» перапыніла яе Бычарапаха, «калі ты паралельна нічога не тлумачыш? Я ў жыцьці ня чула такой лухты!»

«Так, лепей табе вершыкаў больш не чытаць,» параіў Грыфон, і Алеся ў душы толькі ўзрадавалася гэтаму.

«Паказаць табе другую фігуру кадрылі з амарамі?» працягваў Грыфон. «Ці ты хочаш, каб Бычарапаха запяяла яшчэ адну песьню?»

«Песьню, песьню, зрабеце ласку, засьпявайце песьню!» зьвярнулася да Бычарапахі Алеся з такім імпэтам, што Грыфон нават пакрыўдаваў: «Гм! Пра густы не спрачаюцца! Што ж, засьпявай ёй пра свой родны чарапахавы суп, матухна.»

Бычарапаха глыбока ўздыхнула і, хліпаючы ад плачу, запяяла:—

*«Мой родны суп, як ты мне мілы,*
*забыць цябе ня маю сілы!*
*Ня раз, прытомленая манкай,*
*ячняй, бабкай, запяканкай,*
*к табе я ў думках залятаю*
*і сьліны з голаду глытаю,*
*мой ро—о—одны су—у—уп*
*з найлепшых круп!*

*Вось як цяпер перада мною*
*ўстае гарчычэчак той прыгожа,*
*дзе плаваць чарапаха можа,*
*нырнуўшы ў юшку з галавою!*
*Усёй сям'ёю ў час абеду*
*з табой мы ладзілі бяседу:*
*згадаю смак—і з глузду еду,*
*мой ро—о—одны су—у—уп*
*з найлепШЫХ КРУП!»*

«Зноў прыпеў!» закрычаў Грыфон. І як толькі Бычарапаха пачала паўтараць прыпеў, здалёку данёсься крык: «Устаць, суд ідзе!»

«Хадзем!» клікнуў Грыфон і, хапіўшы Алесю за руку, засьпяшаўся, не чакаючы канца песенькі.

«Які суд?» цікавілася задыханая Алеся. Але Грыфон толькі падганяў: «Хутчэй!» І бяз духу нёсься далей. А ззаду ўсё слабей і слабей вецер даносіў жалобны сьпеў:—

*«Мой ро—о—одны су—у—уп*
*з найлепшых круп!»*

Разьдзел XI

# Хто скраў піражныя?

Калі Алеся з Грыфонам прыбеглі ў залю суду, Кароль і Каралева Чырвы ўжо сядзелі на троне. Вакол сабралася процьма розных птушак, зьвяроў і калода картаў у поўным складзе. Перад тронам у атачэньні варты стаяў Валет, закаваны ў кайданы. Пры Каралю стаяў Белы Трус з трубой у адной руцэ і пэргамэнтным скруткам у другой. А на самай сярэдзіне каралеўскага судовага двара быў стол зь вялізным паўміскам піражных. Яны выглядалі так ласа, што ў Алесі адразу сьлінкі пацяклі. «От каб гэты суд скончыўся хутчэй ды раздалі пачастунак!» падумала яна. Але падобна, што да канца было яшчэ далёка, і Алеся пачала разглядацца навакол, каб хоць чымсьці заняць час.

Алеся яшчэ ніколі не была на судзе, але чытала аб працэсах у кніжках і надта цешылася з таго, што ведае, як што на судзе называецца. «Вунь той—судзьдзя,» сказала яна сабе, «бо ў яго вялізны парык.»

Судзьдзём, між іншым, быў сам Кароль, які паддзеў парык пад карону. (Калі хочаце даведацца, як гэта выглядала, зірнеце на малюнак на пачатку кніжкі.) Здавалася, што яму ў кароне зусім нязручна і што яна яму не пасуе.[61]

«А гэта—лава прысяжных,» здагадалася Алеся. «А вунь на ёй сядзяць дванаццаць жывёлінаў—» А як яна магла іначай іх назваць, калі частка зь іх былі зьвяры, а частка—птушкі? «Гэта, пэўна ж, лаўнікі.» Апошняе слова Алеся паўтарыла з гонарам двойчы ці тройчы: яна небеспадстаўна лічыла, што вельмі мала дзяўчатак у яе гады ведаюць, што яно значыць. Зрэшты, сказаць «прысяжныя» таксама не было б памылкаю.

Усе дванаццаць лаўнікаў нешта заўзята пісалі на грыфэльных дошчачках. «Што яны робяць?» шапянула Алеся Грыфону. «Ім жа яшчэ няма чаго занатоўваць, суд не пачаўся—»

«Яны запісваюць свае імёны,» зашаптаў у адказ Грыфон, «бо баяцца, што забудуцца на іх да канца суду.»

«Але ж тупыя істоты!» абурана выгукнула Алеся, аднак тут жа спахапілася й змоўкла, бо Белы Трус закрычаў: «Цішыня ў судзе!» А Кароль начапіў акуляры і строга абвёў позіркам прысутных, каб устанавіць, хто тут парушае парадак.

Алеся бачыла—бо кожнаму з прысяжных магла зазірнуць цераз плячо,—як яны занатоўваюць «Але ж тупыя істоты!» і нават угледзела, што адзін зь іх ня ведаў, як пішацца «істоты,» таму мусіў папытацца ў суседа. «Пакуль той суд скончыцца, дык у іхніх нататках будзе ладная блытаніна!» падумала Алеся.

Адзін з прысяжных невыносна рыпеў грыфэлем. Алеся нядоўга гэта цярпела, абышла лаву прысяжных і цапнула грыфэль так спрытненька, што бедны лаўнік (а гэта быў той самы Піліпка, яшчарка) ня мог даўмецца, куды дзеўся ягоны інструмэнт. Урэшце, не знайшоўшы яго нідзе, ён вырашыў пісаць проста пальцам, і так да самага канца паседжаньня й вадзіў пальцам па дошчачцы. Ведама, карысьці з такой пісаніны было ні на грош, бо палец не пакідаў на таблічцы сьлядоў.

«Вястуне, зачытайце абвінавачаньне!» загадаў Кароль.

Тут Белы Трус тройчы пратрубіў у трубу, разгарнуў пэргамэнтны скрутак і прачытаў:—

*«Каралева Чырва сьпякла, бедачына,*
*піро жных ды іншых страў.*
*Валет жа Чырва падкраўся злачынна*
*і ўсё ў Каралевы скраў!»*

«Абдумайце ваш вэрдыкт,» зьвярнуўся Кароль да прысяжных.

«Зарана, зарана!» хапатліва перапыніў яго Трус. «Да вэрдыкту яшчэ столькі ўсяго будзе!»[62]

«Паклічце першага сьведку,» запатрабаваў Кароль. Белы Трус ізноў тройчы затрубіў у трубу і абвясьціў: «Першы сьведка!»

Першым сьведкам быў Шапавал. Ён увайшоў з кубкам гарбаты ў адной руцэ і недаедзеным лусьцікам у другой. «Прашу прабачэньня, Вашая Вялікасьць,» пачаў ён, «што я гэта ўзяў з сабою. Я акурат піў гарбату, калі па мяне прыйшлі—»

«Вам трэба было дапіць сваю гарбату, а тады прыйсьці,» прабраў яго Кароль. «Калі вы, дарэчы, пачалі яе піць?»

Шапавал зірнуў на Марцовага Зайца, які таксама прыцёгся ў суд пад ручку з Соняю, і прамармытаў: «Чатырнаццатага сакавіка, *калі не хлушу*.»

«Пятнаццатага,» удакладніў Марцовы Заяц.

«Шаснаццатага,» запярэчыла Соня.

«Запішэце,» загадаў Кароль прысяжным, і тыя паслужліва занатавалі сабе на дошчачкі ўсе тры даты, потым склалі іх, а вынік перавялі ў грашовыя адзінкі.

«Здымеце капялюш,» зьвярнуўся Кароль да Шапавала.

«Гэта ня мой,» адказаў Шапавал.

*«Злодзей!»* усклікнуў Кароль, зьвяртаючыся да прысяжных, якія неадкладна пазначылі гэты факт у пратаколе.

«Я іх не нашу, я іх прадаю,» дадаў Шапавал у якасьці тлумачэньня. «Ведама ж, шапавал у падзёртых капелюшох ходзіць—»[63]

Тут і Каралева начапіла акуляры ды так вызьверылася на Шапавала, што той зьбялеў і замітусіўся.

«Паказаньні давайце,» сказаў Кароль, «і не хвалюйцеся, а то зараз ня будзе на чым капялюш насіць.»

Здаецца, такі наказ сьведку зусім не натхніў. Ён пераступаў з нагі на нагу, заклапочана пазіраў на Каралеву і, сумеўшыся, замест лусьціка адкусіў ладны кавалак кубка.

У гэты момант Алеся занепакоілася, адчуўшы нешта дзіўнае, і спакваля зразумела, што яна зноў расьце. Спачатку яна падумала ўстаць і пакінуць судовы двор, але потым вырашыла, што лепей заставацца на сваім месцы, пакуль яго хапае.

«Перастаньце на мяне налягаць,» буркнула Соня, што сядзела побач. «Я ўжо ледзь дыхаю!»

«Не магу перастаць,» вінавата сказала Алеся, «я расту.»

«Якое вы маеце права расьці ў грамадзкім месцы!» абурылася Соня.

«Не чаўпеце абы-чаго,» ужо цьвярдзей заявіла Алеся. «І вы ж расьцяце.»

«Так, але *я* расту павольна й чынна,» зазначыла Соня, «а ня так бязглузда, як вы.» І яна пакрыўджана ўстала і дэманстратыўна перайшла ў супрацьлеглы канец залі.

Пакуль Соня шукала сабе месца, Каралева па-ранейшаму пільна ўзіралася ў Шапавала і ўрэшце загадала аднаму з судовых выканаўцаў: «Прынясі мне сьпіс тых, хто сьпяваў на апошнім канцэрце!» Учуўшы гэта, Шапавал так затросься, што ў яго з ног пазьляталі боты.

«Сьведка, давайце паказаньні,» гняўліва паўтарыў Кароль, «а то я пакараю вас сьмерцю, з хваляваньнем ці без.»

«Я слабы чалавек, Ваша Вялікасьць,» загаварыў Шапавал з трымценьнем у голасе, «і не пасьпеў як сьлед узяцца за гарбату—недзе з тыдзень таму—да таго ж лусьцікі пайшлі танюсенькія—дый пякотка горла дзерла—»

«*Хто* горла дзёр?» ня ўцяміў Кароль.

«Спачатку пякотка—а пры канцы пякоткі котка—»[64]

«Я ведаю, што ў пякоткі пры канцы „котка“!» ускінуўся Кароль. «Ты што, мяне за дурня маеш? Сьведч!»

«Я слабы чалавек,» не здаваўся Шапавал, «і хоць ты немым крыкам крычы—а Марцовы Заяц і скажы—»

«Не было такога!» спрытна перабіў Марцовы Заяц.

«Было!» настойваў Шапавал.

«Адмаўляю!» запярэчыў Марцовы Заяц.

«Ён гэта адмаўляе,» паўтарыў Кароль. «Можаш гэта прапусьціць.»

«Значыць, у такім разе гэта сказала Соня,» працягваў Шапавал, занепакоена азіраючыся на Соню, ці хоць тая не адмовіцца, але тая нічога не адмаўляла, бо спала як пшаніцу прадаўшы.

«Потым,» сьведчыў далей Шапавал, «я намазаў яшчэ адзін лусьцік—»

«Дык што ж Соня сказала?» спытаўся нехта з прысяжных.

«Гэтага я ня помню,» сказаў Шапавал.

«*Або* ты гэта ўспомніш,» заўважыў Кароль, «*або* пойдзеш дамоў без галавы.»

У небаракі Шапавала і кубак, і лусьцік пакаціліся з рук, і ён бухнуўся на адно калена, заенчыўшы: «Вашая Вялікасьць, я слабы чалавек—»

«*Памяць* у цябе слабая,» пакпіў Кароль.

Тут адна з морскіх сьвінак запляскала ў ладкі, але судовыя чыны задушылі ейны парыў у зародку. (Праз тое, што ня ўсе разумеюць выразу «задушыць у зародку,» я зараз патлумачу, як яны гэта рабілі. Яны ўзялі вялізны зрэбны мех з завязачкамі, запхнулі туды морскую сьвінку галавою ўніз, кінулі мех на зямлю і селі на яго.)

«Цяпер я хоць буду ведаць, як гэта робіцца,» усьцешылася Алеся. «А то я шмат разоў сустракала ў газэтах: „Спроба прывітаць прысуд воплескамі была задушаная ў зародку судовымі чынамі“,—але дагэтуль не разумела, што гэта значыць.»

«Калі гэта ўсё, што вам ведама, саступеце месца іншаму сьведку,» скончыў дапытваць Шапавала Кароль.

«Куды ж я магу саступіць?» зьдзівіўся Шапавал. «Я ж і так на падлозе стаю.»

«Тады можаце *сесьці* на месца,» параіў яму Кароль.

Тут яшчэ адна марская сьвінка пачала пляскаць у далоні—ейны парыў быў таксама здушаны ў зародку.

«Урэшце на марскіх сьвінак знайшлі ўправу!» узрадавалася Алеся. «Бязь іх справа пойдзе хутчэй.»

«Я б лепей вярнуўся да—дапіць гарбату,» прызнаўся Шапавал, баязьліва пазіраючы на Каралеву, якая праглядала сьпіс сьпевакоў.

«Вяртайцеся да каго хочаце,» дазволіў Кароль, і Шапавал кінуўся вон, не марнуючы часу на абуваньне ботаў.

«—і на ўсялякі выпадак сьсячэце яму там за дзьвярыма галаву,» папрасіла Каралева аднаго з судовых выканаўцаў, аднак Шапавал прапаў з вачэй раней, чым той падышоў да дзьвярэй.

«Паклічце наступнага сьведку!» загадаў Кароль.

Наступнаю сьведкаю была Княгініна кухарка, якая прывалакла з сабою перачніцу. Алеся здагадалася, што гэта кухарка, яшчэ да таго, як тая ўвайшла, бо ўсе, хто стаяў пры ўваходзе, пачалі як адзін чхаць.

«Давайце паказаньні,» загадаў Кароль.

«Трасцы,» вылаялася кухарка.

Кароль занепакоена зірнуў на Белага Труса, і той падказаў ціхім голасам: «Вашая Вялікасьць, *гэтаму* сьведку трэба ўчыніць перакрыжаваны допыт.»

«Што ж, трэба дык трэба,» паныла ўздыхнуў Кароль. Ён перакрыжаваўся, скрыжаваў на грудзях рукі, а пасьля нахмурыўся так, што пад бровамі стала амаль не відаць вачэй, і страшным нізкім голасам запытаўся: «З чаго робяцца піро́жныя?»

«Зь перцу пераважна,» адказала кухарка.[65]

«З жывіцы,» данёсься сонны голас з публікі.

«Вазьмеце гэтую Соню за шкірку!» завішчэла Каралева. «Стнеце ёй галаву! Выдварце яе з судовага двара! Задушэце яе ў зародку! Зашчыкайце яе! Вырвеце ёй вусікі!»

Некалькі хвілін у судзе стаяла замятня, бо ўсе лавілі Соню, каб вытурыць яе, а калі зноў паселі, то кухарка ўжо як вадою разьлілася.

«Такой бяды!» з палёгкаю ўздыхнуў Кароль. «Клічце наступнага сьведку.» І дадаў ужо цішэй, зьвяртаючыся да Каралевы: «Будзе лепш, дарагая, калі гэтым разам учыніце перакрыжаваны допыт *вы*. А то ў мяне ўжо ў крыжы баліць і крыжыкі бяруць!»

Алеся пазірала, як Белы Трус бегае вачыма па сьпісе, і гадала: каго ж выклічуць наступным. «Няшмат доказаў яны пакуль што назьбіралі,» думалася ёй. Уявеце сабе яе зьдзіўленьне, калі Белы Трус на ўвесь свой віскліві голас выгукнуў імя наступнага сьведкі: «Алеся!»

## Разьдзел XII

# Алесіна сьведчаньне

«Я!» азвалася Алеся, ад нечаканасьці забыўшыся, наколькі яна вырасла за апошнія колькі хвілін, так што, падскочыўшы, зачапіла падолам спадніцы лаву прысяжных ды вывернула ўсю гэтую жыўнасьць на галовы публікі. Лаўнікі так і засталіся ляжаць на падлозе, раскірэчыўшыся і распластаўшыся. Гэтак яны нагадвалі Алесі залатых рыбак з акварыюма, які яна перакуліла выпадкам тыдзень таму.

«Ах, *прашу* прабачэньня!» жахнулася Алеся і кінулася зьбіраць іх як мага хутчэй. Залатыя рыбкі стаялі ў яе перад вачыма: ёй мроілася, што, калі зараз жа не падняць і не вярнуць на лаву ўсіх прысяжных, яны перамруць.

«Суд ня можа працягвацца,» сурова сказаў Кароль, «пакуль усе прысяжныя ня ўсядуцца як сьлед на свае месцы. *Усе,*» паўтарыў ён з націскам, строга ўзіраючыся на Алесю.

Тая зірнула на лаву і ўбачыла, што сьпехам уторкнула Пілiпку дагары нагамі. Нябога адно мэлянхалічна матляў угары хвастом, ня могучы варухнуць тулавам. Алеся вомірг схапіла яго і перавярнула як трэба. «Зрэшты, вялікай розьніцы няма,» падумалася ёй, «ці ён так сядзіць, ці гэтак—суду ад яго *адзін* толк.»

Не пасьпелі прысяжныя крыху ачуняць ад шоку ды атрымаць назад свае грыфэлі з дошчачкамі, як зь вялікай руплівасьцю ўзяліся апісваць здарэньне. Пісалі ўсе, апрача Піліпкі,—той ужо канчаткова перастаў штонебудзь разумець і толькі сядзеў, разявіўшыся ды ўтаропіўшыся ў столь.

«Што сьведку ведама аб гэтай справе?» спытаўся Кароль у Алесі.

«Нічога,» адказала яна.

«*Зусім* нічога?» настойваў Кароль.

«Зусім нічога,» пацьвердзіла Алеся.

«Гэта вельмі важна,» падкрэсьліў Кароль, зьвяртаючыся да прысяжных.

Тыя ўзяліся зноў рыпець грыфэлямі, але тут умяшаўся Белы Трус: «Вашая Вялікасьць, несумненна, хацеў сказаць, што гэта *ня*важна,» прамовіў ён вельмі пачціва, аднак увесь час варушачы бровамі і нешта паказваючы Каралю на мігі.

«Вядома ж, я хацеў сказаць „*ня*важна“,» хапатліва выправіўся Кароль, а сам працягваў мармытаць сабе пад нос: «Важна—няважна—няважна—важна—» быццам узважваў, якое слова лепей гучыць.

Адны прысяжныя ўнесьлі ў пратакол «важна», другія—«няважна». Алеся ўсё гэта бачыла, бо стаяла так блізка, што магла зазірнуць у іх запісы. «Во дзе ўжо вялікая важнасьць,» падумала яна.

У гэтую хвіліну Кароль, акурат дапісаўшы нешта пільнае ў сваім нататніку, абвясьціў: «Цішыня ў залі!» і зачытаў уголас: «Закон нумар сорак два: „*Кожны, хто вышэйшы за мілю, мусіць пакінуць суд*“.»

Усе паглядзелі на Алесю.

«Я *ніжэйшая* за мілю,» запярэчыла тая.

«Вышэйшая,» сказаў Кароль.

«Ды ў табе дзьве мілі як міленькія!» падтрымала яго Каралева.

«Хай сабе так, усё адно не пайду,» сказала Алеся. «Да таго ж гэта незаконны закон: вы яго толькі што прыдумалі.»

«Гэта найдаўнейшы закон у маім кодэксе,» настойваў Кароль.

«Тады ён быў бы законам нумар адзін,» заўважыла Алеся.

Кароль зьбялеў і ўмомант загарнуў нататнік. «Абдумайце свой вэрдыкт,» зьвярнуўся ён да прысяжных сьцішэлым, няпэўным голасам.

«У справе зьявіліся новыя доказы, да ведама Вашай Вялікасьці,» умяшаўся Белы Трус, аж падскочыўшы на месцы ад няўсьцерпу. «Толькі што быў знойдзены вось гэты дакумэнт.»

«Што ў ім?» спыталася Каралева.

«Я яшчэ яго не разгортваў,» сказаў Белы Трус, «але здаецца, гэта ліст падсуднага—некаму іншаму.»

«Як жа інначай,» пагадзіўся Кароль. «Калі толькі падсудны не зьвяртаўся да *нікога* іншага, апроч сябе, што здараецца нячаста.»

«Дык каму ён адрасаваны?» спытаўся адзін з прысяжных.

«Адрасат не пазначаны,» паведаміў Белы Трус. «Прынамсі, там нічога не напісана *звонку.*» З гэтымі словамі ён разгарнуў паперу і дадаў: «Гэта, як высьвятляецца, ня ліст, а верш.»

«Напісаны почыркам падсуднага?» запытаўся яшчэ адзін прысяжны.

«Не,» сказаў Белы Трус. «І гэта самае падазронае.» (Прысяжныя занурыліся ў роздум.)

«Значыць, ён падрабіў нечы почырк!» здагадаўся Кароль. (Твары прысяжных зноў праясьніліся.)

«Вашая Вялікасьць, зьлітуйцеся,» узяўся апраўдвацца Валет, «я не пісаў гэтага верша. Майго аўтарства нельга даказаць, бо ён не падпісаны.»

«Раз ты яго не падпісаў,» зацеміў Кароль, «то твая віна яшчэ большая. Калі б ты ня меў наўме круцельства, дык абавязкова б падпісаўся, як кожны сумленны чалавек.»[66]

Гэтыя словы выклікалі воплескі прысутных, бо ўпершыню Кароль сказаў сапраўды нешта разумнае.

«Гэта відавочны *доказ* ягонай віны,» заявіла Каралева. «Пара сьця—»

«Ніякі гэта ня доказ віны!» крыкнула Алеся. «Вы ж ня ведаеце нават, пра што той верш!»

«Зачытайце яго,» загадаў Кароль.

Белы Трус начапіў свае акуляры. «Скуль мне пачаць, Вашая Вялікасьць?» спытаўся ён.

«Пачні з пачатку,» параіў яму Кароль, «і чытай, пакуль ня дойдзеш да канца, а там можаш спыніцца.»

Мёртвая ціішыня стаяла ў судзе, пакуль Белы Трус чытаў верш:—

*«Ты зь ёю быў, казалі мне,*
*І нас згадаў пры ім:*
*Яна ж сароміла мяне:*
*„Ты не плывец зусім“.*

*Ён намякаў, што я там быў*
*(Ім ведама і нам):*
*Каб хто паглыбіў ейны ўплыў,*
*Дзе ты ўжо быў бы сам?*

*Ёй даў адзін я, два яму,*
*Ты ж даў нам тры ўсяго;*
*Усё вярнулася таму,*
*Хто меў іх да таго.*

*Калі б былі яна ці я*
*Замешаныя ў тым,*
*Дарэчы б нам была твая*
*Падтрымка, як і ім.*

*Я меў уражаньне ў той час,*
*Як ейны выбрык сьпеў,*
*Што перашкодай ты для нас*
*І іншых стаць пасьпеў.*

*Дык не кажы яму, што так*
*Цудоўна зь імі ёй,*
*Хай гэта будзе тайны пакт*
*Паміж табой і мной.»*

«Гэта найважнейшае сьведчаньне з усіх, якія мы дагэтуль чулі,» абвясьціў Кароль, паціраючы рукі. «Так што прашу прысяжных аб—»

«Калі хоць адзін зь іх растлумачыць мне сэнс гэтага верша,» перабіла Алеся (за апошнія хвіліны яна так падрасла, што зусім не баялася перарываць Караля), «то атрымае ад мяне тры грошы.[67] Па-мойму, у ім ні каліва глузду няма.»

Прысяжныя занатавалі: «Па-*ейнаму*, у ім ні каліва глузду няма!» але ніхто зь іх ня ўзяўся патлумачыць зьмест пачутага.

«Калі ў ім няма глузду,» сказаў Кароль, «то гэта вызваляе нас ад абавязку яго шукаць.[68] І ўсё-ткі я ня ўпэўнены,» працягваў ён, разгарнуўшы рукапіс у сябе на калене і падглядаючы ў яго адным вокам. «Мне здаецца, я ўсё-ткі бачу ў ім нейкі сэнс—„*Ты не плывец зусім*“—ты ж ня ўмееш плаваць, абвінавачаны?» пацікавіўся ён, зьвяртаючыся да Валета.

Валет сумна пакруціў галавою: «Хіба я падобны да чалавека, які ўмее плаваць?» (А да чалавека ён зусім ня быў падобны, бо зроблены быў з кардону, як і ўсе карты.)

«То бок пачатак ясны,» падсумаваў Кароль і пачаў бубнець сабе пад нос асобныя радкі: «„*Ім ведама і нам*“—гэта аб прысяжных, зразумела—„*Каб хто паглыбіў ейны ўплыў*“—гэта, відаць, пра Каралеву—„*Дзе ты ўжо быў бы сам?*“—сапраўды, дзе! „*Ёй даў адзін я, два яму*“—ага, вось вам і адказ на пытаньне, што ён зрабіў зь піражнымі—»

«Аднак там далей: *„Усё вярнулася таму, хто меў іх да таго“*,» нагадала Алеся.

«А гэта што—не яны, па-твойму?» і Кароль пераможна паказаў на паўмісак зь піражнымі. «*Гэта* ўжо ясьней ад яснага! Потым—*„Як ейны выбрык съпеў“*—у вас жа, наколькі я ведаю, ніколі не бывае выбрыкаў, дарагая?» папытаўся ён у Каралевы.

«Ніколі!» гнеўна кінула Каралева і шпурнула ў Піліпку чарніліцаю. (Няшчасны Піліпка, які быў перастаў вадзіць сухім пальцам па дошчачцы, зноў ліхаманкава кінуўся занатоўваць. Цяпер ён мачаў палец у атрамант, што сьцякаў у яго па пысе, пакуль той дарэшты ня высах.)

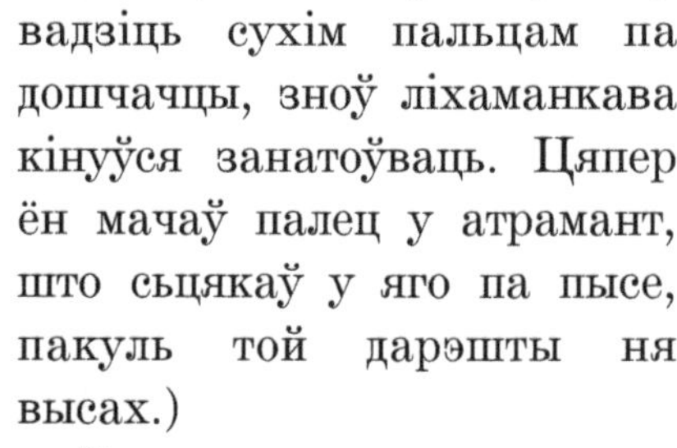

«Значыць, зьвестка пра „выбрык“ сфабрыкаваная,» сказаў Кароль, з усьмешкаю азіраючы суд. Але ў двары паседжаньняў стаяла мёртвая цішыня.

«Гэта была гульня словаў!» дадаў Кароль раздражнёна, і ўсе дружна засьмяяліся.

«Прашу прысяжных абдумаць свой вэрдыкт,» прамовіў Кароль мо ўжо які дваццаты раз за дзень.

«Не, не!» умяшалася Каралева. «Спачатку прысуд— вэрдыкт потым.»

«Што за бязглузьдзіца!» голасна запярэчыла Алеся. «Як можна спачатку абвяшчаць прысуд!»

«Маўчаць!» збарвянеўшы, зараўла Каралева.

«Ня буду!» аскірзнулася Алеся.

«Сьцяць ёй галаву!» штомоцы загарлала Каралева, але ніхто не зварухнуўся.

«Ды хто на *вас* зважаць будзе?» усхадзілася Алеся (яна ўжо вырасла да сваіх звыклых памераў). «Вы ж усяго толькі калода картаў!»

Тут уся калода ўзьнялася ў паветра й наляцела на яе. Алеся ўскрыкнула, напалову спалоханая, напалову раззлаваная, і, адбіваючыся, замахала рукамі. І раптам убачыла, што ляжыць на беразе, паклаўшы галаву на калені сястры, якая асьцярожна прымае ёй з тварыка сухое лісьце, што нападала з дрэваў.

«Алеся, любачка, прачынайся!» сказала сястра. «Доўга ж ты спала, трэба сказаць!»

«О, я прысьніла такі цікавы сон!» замуркала Алеся.

І яна расказала сястры ўсё, што толькі запомніла з сваіх дзіўных Прыгодаў, якія вы толькі што чулі. А калі яна скончыла, сястра пацалавала яе і сказала: «Гэта напраўду цікавы сон, любая мая. А зараз бяжы піць гарбату—ты ўжо позьнісься.» Алеся ўскочыла й палящела дадому стрымгалоў, думаючы па дарозе, які ж чароўны сон яна сасьніла.

А сястра засталася сядзець там, дзе яе пакінула Алеся. Падпёршы рукою галаву, яна назірала, як заходзіць сонца, думала пра маленькую Алесю, яе дзівосныя Прыгоды, аж пакуль сама не пачала летуцець. І вось што яна прымроіла:—

Перш за ўсё яна ўявіла сабе маленькую Алесю— пяшчотныя ручкі зноў абнялі ёй калені, жвавыя бліскучыя вачаняты глядзелі на яе. Яна чула ўсе адценьні

Алесінага голасу і бачыла крыху нязграбны, раптоўны рух галоўкі, якім тая адкідала непаслухмяныя валасы, што *заўсёды* лезьлі ёй у вочы. І пакуль сястра слухала яе ці ўяўляла сабе, што слухае, усё навокал ажыло й напоўнілася дзіўнымі істотамі з Алесінага сну.

Доўгая трава зашамрэла ў яе пад нагамі, калі побач прабег Белы Трус; спалоханая Мыш заплюхалася ў найбліжэйшым ставе. Сястра чула, як зьвіняць кубкі гарбаты, зь якіх безупынку п'юць Марцовы Заяц і ягоныя сябры, чула пранізьлівы голас Каралевы, што загадваў пакараць сьмерцю яе няшчасных гасьцей—зноў парсюк чхаў на каленях у Княгіні, тым часам як талеркі й місы трушчыліся вакол, і зноў даносіўся Грыфонаў віскат, рыпеньне Піліпкавага грыфэлю; стогны задушаных у зародку морскіх сьвінак мяшаліся з далёкім плачам гаротнай Бычарапахі.

Гэтак Алесіна сястра сядзела з заплюшчанымі вачыма і летуцела, пакуль сама амаль не паверыла, што патрапіла ў Цудазем'е, хоць ведала, што варта расплюшчыць вочы—і ўсё навокал ператворыцца ў нудную штодзённасьць: трава будзе шумець толькі ад ветру, вада будзе хвалявацца ад гайданьня чароту, звон кубкаў з гарбатаю стане бразгатам балабонаў на авечках, Каралевін крык акажацца галёканьнем пастушка, а чханьне дзіцяці, Грыфонаў віск і рэшта нязвыклых гукаў, несумненна, зробяцца цьмяным водгульлем гоману, што даносіцца з фэрмы; далёкае ж сьвістаньне імбрычка падменіць сабою жаласнае румзаньне Бычарапахі.

Нарэшце яна ўявіла сабе, як яе сястрычка некалі вырасьце й стане дарослай жанчынаю, але й тады ў яе ўсё роўна застанецца простае й чулае сэрца маленькай дзяўчынкі. І гэтая жанчына сама зьбірацьме каля сябе маленькіх дзетак, і ўжо *іхнія* вочы будуць жыва сьвяціцца ад мноства дзівосных казак, якія яна ім раскажа. І можа, яна апавядзе ім нават свой даўні сон пра Цудазем'е і будзе разам зь імі смуткаваць немудрагелістым дзіцячым смуткам, радавацца іх немудрагелістаю дзіцячаю радасьцю, успамінаючы сваё маленства і шчасьлівыя летнія дні.

# Пасьлямова перакладчыка

З чаго мне, чорт пабірай, пачаць?
Не, здаецца, так ужо напісаў Караткевіч…

Тады найлепш будзе пачаць з пачатку: упершыню я прачытаў Кэралаву «Алесю» (абедзьве часткі) гадоў у 10—11 (лішне казаць, што ў расейскім перакладзе ці, хутчэй, пераказе Барыса Захадэра). Запозна? Ці мо зарана? Хто ведае—але я быў ужо дастаткова дарослы (ці яшчэ дастаткова малы), каб яна трывала адклалася ў маёй памяці. Іначай зь якой бы я ласкі праз восем гадоў, калі быў ужо студэнтам Менскага лінгвістычнага ўнівэрсытэту, выпрошваў у сваёй выкладчыцы ангельскай мовы Вольгі Андрэеўны Шынкаровай дазволу ўзяць для пазакляснага чытаньня менавіта «Алесю» замест «Чарадзея з Оз»? На шчасьце, яна дазволіла, зрабіўшы для мяне выключэньне. Больш за тое, асабіста прынесла мне кніжку—у арыгінале, а што вы думалі! Вось тады ўсё й пачалося…

(Ну, не зусім—на той час я ўжо быў прачытаў і Кэралаву «Гульню ў лёгіку,» і «Паляваньне на Снарка,» і… І ўсё ж…)

З таго часу я з «Алесяю» (тады яшчэ Эліс—Алесяю яна стала пазьней, зь лёгкай рукі майго сябра Антона Тараса) дняваў і начаваў. Як сумленны студэнт (то бок сумленны хіба ў дачыненьні да самахоць узятых на сябе абавязкаў) я выпісаў з абедзьвюх частак кнігі ўсе незразумелыя мне словы, прычым разам зь іх перакладам!—то бок фактычна перапісаў Кэрала нанова, бо тады яшчэ незразумелых мне словаў у кнізе было нашмат болей, чымся зразумелых. Гэты тлусты сшытак-слоўнік «Алесі» я зусім выпадкова (клянуся глуздамі бацькі Ўільяма!) прыхапіў з сабою ў Прагу між нешматлікіх асабістых рэчаў, што зьмяшчаліся ў маім заплечніку…

…які я тут жа скінуў з плячэй разам зь іншым цяжарам. На шчасьце, праз год-два я досыць блізка пазнаёміўся зь дзяўчынай, якая валодала ангельскаю як роднай і ў чыёй бібліятэцы (а нішто іншае й ня можа быць галоўным крытэрам, паводле якога мы, перакладчыкі, абіраем сабе спадарожніц жыцьця) нечакана знайшоў камэнтаванае выданьне Кэрала (з кішэннай сэрыі «Пінгвін») і адразу ж згадаў, што на беларускую мову «Алесі» яшчэ не перакладалі. А я ж ведаў у ёй кожнае слоўца!—а таксама ведаў, што кніга зьмяшчае процьму вершаў, перакласьці якія можа толькі такі таленавіты паэт, як я! І я пастанавіў паспрабаваць…

А ўжо месяцы праз тры ўсё было гатова! На жаль, мой пераклад залішне нагадваў зроблены мною яшчэ ў Менску падрадкоўнік. Але ж і гэтым я ўжо мог ганарыцца!—і даганарыўся да таго, што прагаварыўся пра свой духоўны подзьвіг майму сябру Лявону Юрэвічу…

Не пасьпеў я як сьлед адпачыць, каб неўзабаве вярнуцца да тэксту, як са мною выйшаў на сувязь вельмі сур'ёзны рэдактар ня менш сур'ёзнага часопісу з інтэлектуальнай назваю «Архэ»: так і так, маўляў, твор культавы, трэба друкаваць, прынамсі першую частку, дасылайце… Ну, я й даслаў—што маю, тое маю,—так бы мовіць, для азнаямленьня... Доўга я чакаў, пакуль мне з часопісу адкажуць—так і не адказалі. Затое праз пару месяцаў я даведаўся, што мой пераклад ужо выйшаў друкам! Во дзе я зьдзівіўся—ня менш за тую Алесю! Вядома, я быў удзячны выдаўцам за публікацыю і асабліва за ганарар, але ж вельмі крыўдаваў на іх за тое, што нехта рэдагаваў мой тэкст без майго ўдзелу... І дарма, бо нехта—а менавіта мовазнаўца Юрась Пацюпа—зрабіў вялікую працу і (праўда, не без дапамогі выдатнага расейскага перакладу Ніны Дзямуравай) дадаў майму падрадкоўніку выкшталтаванасьці. Вось толькі выкшталтаванасьць мы зь Юрасём разумелі крыху па-рознаму: я імкнуўся захаваць выкшталтаванасьць доўгіх фразаў і стылістычных канструкцыяў ангельскай мовы XIX стагодзьдзя, а Юрась хацеў зьмясьціць у тэкст усю выкшталтаванасьць сваёй беларускай мовы, пра якую небарака Кэрал у сваёй дапатопнай Англіі (дый, па шчырасьці, і я ў сваёй пасьляпатопнай Чэхіі) мог толькі марыць... Аднак галоўнае, што пераклад у тоўстым сур'ёзным часопісе ўсім спадабаўся (апроч самога перакладчыка, але адзін—гэта ж, як ведама кожнаму, амаль што пустое месца).

Прайшло яшчэ дзевяць гадоў—за той час я пасьпеў з дапамогаю свайго сябра і таксама мовазнаўцы Юрася Бушлякова адрэдагаваць другую частку «Алесі» (ну, калі ўжо казаць дакладна, то гэта заняло крыху меней за дзевяць гадоў), але ж звышталенавітая Вера Бурлак прайшла скрозь люстэрка крыху раней за нас,—і тут атрымаў ліст ад аднаго амэрыканца, якому надта ж закарцела выдаць «Алесю» на ўсіх мовах сьвету, у тым ліку і на нашай... Ну, я й падумаў—ці не настаў час вярнуцца на дзесяцігодзьдзе назад і ўрэшце давесьці свой пераклад да ладу, пагатоў што Юрась Пацюпа ўжо зрабіў за мяне значную частку працы? І хоць задача аказалася не такой і лёгкай, я (праўда, не без дапамогі ўсё таго ж Юрася Бушлякова) здолеў выканаць яе ў рэкордны тэрмін—на працягу двух тыдняў студзеня 2012 году. Калі вам, дарагія дзеці, вынік спадабаўся, то мы з Кэралам і абодвума Юрасямі стараліся не дарэмна. А калі не спадабаўся—значыць, вам трэба да нас яшчэ дарасьці. Толькі, крый бог, ня ежце шмат грыбоў, каб не атруціцца.

Ваш Перакладчык

P.S. А яшчэ я хацеў бы выказаць падзяку спадарыні Алене Таболіч за карысныя заўвагі і парады, зьмешчаныя ў яе артыкуле «Аліса ці Алеся?» з кнігі «Таямніцы мастацкага перакладу» (Менск, «Беларускі кнігазбор,» 2004 г.).

# Заўвагі

1 Ужо зь першага радка чытач можа падумаць, што перад ім нейкі іншы пераклад, а ня той, які вядомы яму паводле колішняй публікацыі ў часопісе “Архэ” (№ 2, 2002 г.). Гэта, як шмат дзе і ў Кэрала, так і ня так адначасова: перад вамі той самы пераклад, але грунтоўна выпраўлены і ўдакладнены. Пачнем з назвы: вядома, што сам Кэрал найперш быў напісаў казку з назовам *Alice's Adventures under Ground* (дагэтуль мы перакладалі яго ў думках як *Алесіны прыгоды ў Падземнай краіне*), якую перарабіў пасьля на *Alice's Adventures in Wonderland*. Калі прыглядзецца пільна да назвы, дык можна ўбачыць, што слова *Wonderland* ёсьць водгукам папярэдняга спалучэньня *Under* (нямецкае *Wunder* ‘цуд’) і *Ground* (нямецкае *Grund* ‘зямля’)—Кэрал вельмі любіў такія ангельска-нямецкія пераўтварэньні. Значыць, калі больш дакладна перакласьці першую назву як *Алесіны прыгоды ў Падзем'і*, тады другая павінна гучаць *Алесіны прыгоды ў Цудазем'і*. Шкада, вядома, што мы не абралі гэтага варыянту адразу.

Што да верша-прысьвячэньня, дык у першым варыянце перакладу мы дапусьцілі памылку, кажучы пра пагодны “ранак” (у Кэрала гаворка ідзе пра *afternoon* ‘пасьляабедны час’)—наўрад ці ў Англіі бывае вельмі горача зранку. Радок адсылае да сапраўднай падзеі: 4 ліпеня 1862 году Кэрал (дакладней, спадар Додсан) разам з сваім сябрам Робінсанам Дакўартам узялі трох сястрычак Лідэл (Ларыну, Эліс і Ідыт, якую ўсе, аднак, звалі Матыльдаю) паезьдзіць чаўном па рацэ. Цягам гэтай вандроўкі

Кэрал і апавёў ім упершыню казку пра Цудазем'е. Дасьледчыца Філіс Грынэйкер, тым ня менш, зазначае, што ў згаданы дзень (прынамсі, паводле даступных мэтэаралягічных крыніцаў таго часу) надвор'е ў Оксфардзе было халоднае і зусім ня сонечнае, а зранку нават ліў дождж.

2 Ангельская міля—гэта 1,609 кілямэтра. У XIX стагодзьдзі лічылася, што радыюс Зямлі роўны 6 405 кілямэтрам—сёньня ведама, што ён крыху меншы, ад 6 353 км на полюсах да 6 384 км на экватары (бо Зямля ня ёсьць ідэальнай куляю). У кожным разе, тут Алеся зусім не далёкая ад праўды—хоць насамрэч і далёкая ад цэнтру Зямлі.

3 У сапраўднасьці старажытныя грэкі называлі жыхароў адваротнага боку Зямлі антыподамі—то бок даслоўна тымі, хто жыве “пад нагамі”.

4 У Кэрала котка завецца Дайна (*Dinah*), мы ж выводзім ейнае імя ад жывой народнай формы імя Дыяна—Дзяна, якою ў маім дзяцінстве карысталіся суседзкія дзеці-аднагодкі ў Карэлічах. Пагадзецеся, што на фоне “зьбеларушаных” імёнаў рэшты пэрсанажаў імя Дайна выглядала б досыць дзіўна.

5 У арыгінале абодва пытаньні адрозьніваюцца толькі адной літараю (*cats*—*bats*), у нас—адным складам, менавіта таму іх і лёгка пераблытаць.

6 Алесіна спроба ўявіць сабе агеньчык спаленай сьвечкі больш за ўсё нагадвае дзэн-будысцкі каан.

7 У кнізе Алесін рост вымерваецца футамі—тут, напрыклад, вядзецца пра дзевяць футаў. Міжнародна прынятая даўжыня фута—крыху больш за 30 сантымэтраў. Як вядома, у Вялікім Княстве Літоўскім існавала адзінка даўжыні “локаць”, роўная 24 цалям—гэта прыблізна 64 сантымэтры, у два зь нечым разы болей за фут. Такім чынам, пераводзячы футы ў локці, мы падзяляем Кэралавы лічбы на два, а пасьля акругляем іх да рэальных памераў. Паводле Кэрала выходзіць, што Алеся вырасла да 2 мэтраў 70 сантымэтраў—у нашай “вялікалітоўскай” сыстэме гэта будзе чатыры локці “з гакам”, дзе “гак” складае роўна 18 сантымэтраў. Здавалася б, такі рост звышчалавечы—але ж, паводле некаторых зьвестак, беларус Хведар Махноў, што жыў на пачатку XX стагодзьдзя, быў яшчэ вышэйшы: ягоны рост нібыта складаў 2 мэтры 85 сантымэтраў. Афіцыйна найвышэйшым чалавекам у гісторыі (паводле кнігі рэкордаў Гінэса) лічыцца

амэрыканец Робэрт Ўодлаў (2 м 72 см), але й ягоны рост перавышае Алесін на два сантымэтры.

8 Кэрал мае рацыю, калі ўкладае ў вусны Алесі пытаньне "Хто ж я такая?" і называе яго "галоўнаю таямніцай"—для філязофіі новага часу, пачынаючы з Дэкарта й Бэрклі і канчаючы Ляканам і Фуко, праблема суб'екта ёсьць сапраўды падставовай.

9 Вядома, ня дойдзе, бо блытае арытмэтычную прагрэсію з геамэтрычнай. Як зазначае Марцін Гарднэр, школьныя табліцы множаньня ў той час канчаліся акурат памнажэньнем на дванаццаць: калі працягваць гэты «лягічны» шэраг, то выйдзе, што $4 \times 12 = 19$.

10 Насамрэч гэта ня так і мала—каля 60 сантымэтраў.

11 Кэрал намякае, што нельга рабіць агульных высноваў на падставе толькі аднаго факту. Г'юм мог бы запярэчыць, што агульных высноваў рабіць нельга наагул, колькі б фактаў ні было—у такім разе выходзіць, што Алеся па-свойму мае рацыю.

12 Алеся відавочна блытае "ўсур'ёз" і "ўкур'ёз".

13 У арыгінале гаворка ідзе пра Вільгельма-Заваёўніка (1028—1087), нарманскага караля Англіі.

14 Дзе мая котка? (франц.)

15 У казцы Кэрал часта спалучае рэальныя побытавыя дэталі з фантастычнымі, каб зрабіць на чытачоў (ці, дакладней, на сваю галоўную чытачку ці слухачку) найбольшае ўзьдзеяньне. У кнізе "Ўводзіны ў фантастычную літаратуру" Цвэтан Тодараў цытуе наступнае выказваньне Люі Вакса: "Фантастычны аповед паказвае нам, як такія ж людзі, як мы самі, жывучы ў тым самым сапраўдным сьвеце, што й мы, раптоўна апынаюцца вочы ў вочы зь невытлумачальным".

16 У Англіі існавала такая народная й досыць брутальная забава, што называлася *rat-baiting* ('цкаваньне пацукоў'), пры якой сабака, які загрызаў найбольш пацукоў цягам пэўнага часу, перамагаў. На сабакаў можна было рабіць стаўкі і ў выпадку "ўдачы" выйграць вялікую суму, таму найлепшыя "спартоўцы" каштавалі шмат грошай.

17 Пад гэтымі птушынымі імёнамі ў казцы выступаюць рэальныя асобы. Качар—гэта ўжо згаданы Робінсан Дакўарт, у чыім прозьвішчы зьмяшчаецца слова *duck* ('качка, качар'). Папугайчык (*Lory*)—гэта Ларына Лідэл, Арляня (*Eaglet*)—Ідыт Лідэл. Сам сябе Кэрал вывеў у вобразе Птаха Доўды (*Dodo*,

'дронт'—вымерлая птушка), бо ў жыцьці ён заікаўся і часта вымаўляў сваё сапраўднае прозьвішча як "До-до-Додсан".

18 Паводзіны Мышы відавочна парадыююць унівэрсытэцкіх і школьных выкладчыкаў. Зрэшты, і іншыя пэрсанажы казкі (Княгіня, Кароль) паводзяць сябе, як настаўнікі ці выхавальнікі.

19 У рэальнасьці такіх партрэтаў Шэксьпіра няма.

20 Заўважым мімаходзь, што гісторыя Мышы мае дакладна пяць "згібаў" ці стадыяў. У 1863 годзе, за два гады да выданьня "Алесіных прыгодаў", нямецкі драматург Густаў Фрайтаг сфармуляваў тэорыю, паводле якой драма павінна складацца зь пяці частак: экспазыцыі, калізіі (канфлікту), крызісу, пэрыпэтыі і катастрофы (катарсісу). Такі падзел мае пачатак яшчэ ў "Ars poetica" Гарацыя.

21 Тут у Кэрала гульня словаў *not* ('не') і *knot* ('вузел'), якія па-ангельску вымаўляюцца аднолькава—зрэшты, гэтаксама, як 'хвост' (*tail*) і 'гісторыя' (*tale*).

22 У арыгінале ўжыты выраз *as ferrets are ferrets*, літаральна 'як тхары ёсьць тхарамі'. Трус згадвае тхароў побач з пагрозаю адсячэньня галавы невыпадкова: рэч у тым, што менавіта тхары выкарыстоўваліся для паляваньня на трусоў.

23 Алеся мае на ўвазе "ямчэй" (у арыгінале *pleasanter*—тыповая дзіцячая памылка пры ўтварэньні вышэйшай ступені параўнаньня прыметніка: у сапраўднасьці такой формы ў ангельскай мове няма).

24 Гэты прыём, вядомы з часу "Шахеразады", называецца *mise an abîme* ('стаўка на бездань', франц.) і ўжываецца ў Шэксьпіра ў "Гамлеце", у Сэрвантэса ў "Дон Кіхоце", у Брэтона ў "Надзі", у Картасара ў "Непарарыўнасьці паркаў", у Італё Кальвіна ў "Калі адной зімовай ночы вандроўнік..." і ў шмат якіх іншых творах, у тым ліку ў жывапісе (экстрэмальны прыклад такога прыёму апісвае Жорж Пэрэк у "Кабінэце калекцыянэра-аматара"). Размова ідзе пра гіпатэтычна бясконцае адлюстраваньне аповеду ў аповедзе ("Шахеразада"), кнігі ў кнізе ("Дон Кіхот"), п'есы ў п'есе ("Гамлет"), карціны ў карціне (Пэрэк), адным словам—рэчаіснасьці ў рэчаіснасьці (асабліва распаўсюджаны гэты прыём у сучасным кінэматографе). Асноўнай мэтаю гэтага люстэркавага прынцыпу ёсьць стварэньне ілюзіі большай рэальнасьці падзеяў. Калі герой, напрыклад, чытае кніжку пра сябе, ён разглядае сам сябе як аб'ект, надаючы гэтым "аб'ектыўнасьці" ўласнаму існаваньню. Калі, паводле Алесі, кніжка пра яе яшчэ не

напісаная, тады выходзіць, што тое, што мы чытаем, адбываецца ня ў кніжцы (яе ж пакуль няма), а “насамрэч”.

25 Вядома, гэта тыповае дзіцячае перабольшаньне, аднак варта заўважыць, што Кэрал, нягледзячы на мноства прыведзеных у тэксьце дакладных лічбаў і мераў, не заўжды пільна трымаецца іх у сваім апавяданьні: у ягоным сьвеце ўсё адносна. Калі нельга зьмяніць дня тыдня, можна зьмяніць яго назву, калі нельга зьмяніць свайго росту, можна зьмяніць сыстэму яго вымярэньня, і г.д., што дае пэўнае адчуваньне свабоды. Магчыма, гэтая разьняволенасьць і вабіла Кэрала ў матэматыцы.

26 У арыгінале Патрыкей (*Pat,* Патрык) размаўляе з ірляндзкім акцэнтам.

27 Алеся й сама ўжо забылася, які́м ёсьць яе звычайны памер, таму шчаня зьяўляецца ў гэтым эпізодзе казкі, так бы мовіць, для “маштабу”. Зрэшты, неўзабаве Кэрал “удакладняе”, што дзяўчынка цяпер не вышэйшая за грыб, на якім сядзіць Вусень— гэта, бадай, найменшы рост, якога “дасягае” ў казцы Алеся.

28 Уся сцэна з Вусенем нагадвае тыповую сужэнскую спрэчку і гучыць як папярэджаньне малой дзяўчынцы перад няўдалым ці “няроўным” шлюбам з чэрствым і патрыярхальным мужчынам (нездарма Вусень у Кэрала нагадвае адстаўнога ваяку, у тым ліку сваімі кароткімі адказамі).

29 Кэрал намякае тут на адвольнасьць усіх сыстэмаў вымярэньня, якія мы тарнуем да прыроды.

30 Паводле тэорыі эвалюцыі, з усіх відаў жывёлін на Зямлі менавіта птушкі й паўзуны—самыя старажытныя, а значыць, і самыя заклятыя ворагі, таму ўпартасьць Галубы не выклікае вялікага зьдзіўленьня.

31 Пад “гадавым племем” Галуба мае на ўвазе перадусім біялягічны від, да якога яна адносіць як дзяўчатак, так і зьмеяў. Гэта клясычны прыклад няслушнага сылягізму, якіх у Кэрала мноства, асабліва ў кнізе “Гульня ў лёгіку”:

“Ніводны стары скнара не дабрадушны.

Некаторыя старыя скнары—ударлявыя.

Некаторыя хударлявыя людзі—не дабрадушныя”.

32 Здаецца, што Кэрал тут кпіць зь філязофіі прагматызму, якую заснаваў Чарлз Сандэрз Пірс (1839—1914). Ягоная “максыма прагматызму” гучыць: “Уявім сабе практычныя наступствы ўзьдзеяньня пэўных аб’ектаў, і нашая ўява пра гэтыя ўзьдзеяньні будзе ўтвараць сукупнасьць нашых уяваў пра дадзеныя аб’екты”.

Паводле наступніка Пірса Ўільяма Джэймза, праўда—"гэта тое, што найлепш працуе на нас, найлепш адпавядае кожнай частцы нашага жыцьця і найлепш тарнуецца да ўсёй сукупнасьці нашага досьведу". З гэтага гледзішча Галуба мае абсалютную рацыю, лічачы Алесю "гадаўкаю". У сучаснасьці гэтую плынь мысьленьня (пад назваю "нэапрагматызм") разьвіваў амэрыканскі філёзаф Рычард Рорці (1937—2007).

33 Каля 1 мэтра 20 сантымэтраў.

34 Да 22 сантымэтраў.

35 У другой частцы казкі (разьдзел IX) Алеся таксама сустракае каля дзьвярэй Жабу (у нашым перакладзе—Люгаша), якая таксама ня раіць ёй стукаць у дзьверы. Цалкам магчыма, што Кэрал тут мае на ўвазе зусім канкрэтнага старога й пэдантычнага лёкая, добра вядомага Алесі.

36 Выраз *to grin like a Cheshire cat* у ангельскай мове азначае папросту 'шырока, дабрадушна ўсьміхацца'. Яго паходжаньне да сёньня няяснае: паводле адной з вэрсіяў, на шыльдах шынкоў у графстве Чэшыр нібыта малявалі львоў, што, хутчэй, нагадвалі ўсьмешлівых катоў; паводле другой вэрсіі, у Чэшыры вырабляўся сыр у форме галавы ката. Перакладчыкі (такая ўжо традыцыя) пераносяць спалучэньне "Чэшырскі кот" з ангельскай мовы ў свае, магчыма, пад уплывам таго факту, што ў Чэшыры нарадзіўся сам Кэрал, які мог вывесьці ў вобразе ката сам сябе (гэтаксама як у вобразе Птаха Доўды ці Белага Рыцара з другой часткі). Аднак мы тут адыходзім ад традыцыі і замяняем "Чэшырскага ката" "Катом-Дабрушанінам" з той прычыны, што калі б чытач ня ведаў лінгвістычнай ці біяграфічнай подбіўкі гэтага выразу і ніколі ня чуў пра Чэшырскага ката зь іншых перакладаў "Алесі", то не зразумеў бы сувязі паміж усьмешкаю і "Чэшырскім катом"—у адрозьненьне ад чытачоў арыгіналу. Такі самы падыход быў выкарыстаны, напрыклад, у чэскім перакладзе (*Kočka Šklíba*, даслоўна—Котка Сьмяяна). Важна разумець, наколькі глыбока пэрсанажы Кэрала зьвязаныя з моўнай стыхіяй—нездарма яны ўзьніклі з вуснага аповеду. Мова (у тым ліку й мова любога перакладу) ёсьць паўнапраўным "суаўтарам" Кэрала, і ня варта, я лічу, пазбаўляць яе гэтага права.

37 Заўважма, што грубасьць Княгіні надзвычай кантрастуе зь ейным арыстакратычным паходжаньнем.

38 Цікава, што ў адрозьненьне ад ангельскіх катоў беларускія каты ўмеюць не ўсьміхацца, а плакаць.

39 Кэрал тут досыць жорстка парадыюе кранальны верш віктарыянскага паэта Дэйвіда Бэйтса "Speak gently to your little boy", гэтым разам хоць і ня школьны, але ўсё-ткі з пэдагагічнай тэматыкаю. Вобраз жанчыны зь дзіцем, як бачым, не выклікаў у Кэрала асабліва станоўчых асацыяцый.

40 Алеся зьвяртаецца да Ката, як да шляхціца. Параўнайма зь вядомым вершам Т. С. Эльята "Як пазнаёміцца з катом".

41 Яшчэ адзін няслушны сылягізм.

42 Кот відавочна насьледуе стылю дыялёгаў Плятона, дзе Сакрат з дапамогаю мастацтва маеўтыкі змушае сваіх вучняў прыйсьці да такой жа высновы, як і ён сам.

43 Цяпер Алесін рост складае 82 сантымэтры.

44 Шапавал мае на ўвазе, што і ў іх гадзіна таксама доўгі час не мяняецца, таму й параўноўвае яе з годам. Камэнтатары звычайна бачаць у гэтым эпізодзе геніяльнае прадбачаньне тэорыі адноснасьці Айнштайна.

45 Пародыя на вядомую дзіцячую песеньку, якая ў маім беларускім перакладзе гучыць:

*Зорка, зорачка, блішчы*
*дзіўным дзівам уначы,*
*асьвятляючы ўвесь сьвет*
*як каштоўны дыямэнт.*

46 Пытаньне Шапавала досыць падступнае: каб адказаць на яго станоўча, Алесі прыйшлося б пагадзіцца з тым, што яна дурнічка.

47 Прыблізна да 30 сантымэтраў.

48 Як можна лёгка зразумець з ілюстрацыі Тэніэла, Пятрок, Сёмка й Курдупель азначаюць адпаведна картачныя пяцёрку, сямёрку й двойку (што ёсьць найменшай картаю ў калодзе, таму мянушка "курдупель" пасуе герою яшчэ й з гэтай прычыны).

49 "Булавы" (*clubs*) па-ангельску азначаюць 'жалуды' ці, іначай, 'хрэсьці'—праз гэта ў нас тут выступаюць "жаўнеры-крыжакі".

50 Слова *diamonds* 'дыямэнты' мае таксама значэньне 'звонка' (картачная фарба).

51 З жывёлаю (Піліпкам, Парасём, Соняй, флямінга, вожыкамі) героі казкі, трэба сказаць, абыходзяцца ня самым далікатным чынам. Аднак гэта неабавязкова сьведчыць пра нейкі прыроджаны дзіцячы садызм—рэч у тым, што ў ангельскай мове жывёліны з граматычнага гледзішча зьяўляюцца нежывымі прадметамі (*it*, *thing*) і Кэрал прымушае сваіх пэрсанажаў успрымаць гэта літаральна.

52 У выпадку "перадвыбарнага маратону", наадварот, патрабавалася, каб усе стартавалі адначасова. І тут, і там спартоўцам дастаткова было парушыць нават ня правіла, а асноўны прынцып спаборніцтва, каб яно страціла ўсякі сэнс. Пасьля гэтага кіравацца правіламі ўжо няма ніякай карысьці, таму ніхто імі, уласна, і не кіруецца, як зазначае далей Алеся.

53 Парадаксальная сытуацыя, калі найпрасьцейшы сродак камунікацыі (ківаньне галавою) робіцца найскладанейшым, бо адрасат ня можа яго ўспрыняць. Падрабязьней пра гэта—у "Тэорыі сэміётыкі" Умбэрта Эка.

54 Ужо Кэрал ведаў, што перамагаць уладароў у спартовых гульнях ня варта.

55 Яшчэ адзін выпадак з тэорыі сэміётыкі—празьмернасьць інфармацыйных каналаў ствараe так званы "інфармацыйны шум": зьява, якая сёньня кожнаму з нас знаёмая з інтэрнэту.

56 У арыгінале гульня з прымаўкаю: *Take care of the pence and the pounds will take care of themselves*, што адпавядае беларускай "Колас да коласа—сноп будзе". Кэрал мяняе ў ангельскай прымаўцы толькі некалькі літараў: *Take care of the sense* ('Дбай пра сэнс'—замест "пэнс") *and the sounds will take care of themselves* ('а гукі—а ня "фунты"—самі падбаюць пра сябе'). Штосьці падобнае мы робім і з адпаведнаю беларускай прымаўкай.

57 Так званы "бычарапахавы суп" вараць з галавы цяляці (бычка), таму на малюнку Тэніэла ў Бычарапахі бычыныя ногі й галава; адсюль таксама ейная беларуская назва.

58 Кэрал тут ужывае выраз *at the end of the bill*, гэта значыць, 'у канцы рахунку': то бок "адукаваная" Бычарапаха блытае сьпіс школьных прадметаў з рахункам з пральні. Таму яна й кажа, што на "мыцьцё бялізны" ў яе бацькоў не было грошай.

59 У другой частцы кнігі Алесю будуць знаёміць зь іншай страваю—нагой барана.

60 У папярэднім варыянце перакладу Алеся спрабавала чытаць "Зорку Вэнэру" Багдановіча, аднак гэтым разам мы абралі паэму Купалы "Курган", бо яе мэтрыка больш адпавядае арыгінальнаму кэралаўскаму вершу. Да таго ж далейшыя радкі пра Пугача і Пантэру павінны быць працягам таго самага верша, чаго мы раней не ўлічылі.

61 Намінка на абсурднасьць (з гледзішча брытанскай дэмакратычнай традыцыі) спалучэньня судовай і заканадаўчай уладаў.

62 Гэта відавочна аўтарэфэрэнцыйная рэпліка: Кэрал-апавядальнік абяцае дзяўчаткам, што гісторыя ў судзе будзе працягвацца.

63 У сапраўднасьці беларуская прымаўка гучыць “*Шавец* у падзёртых *ботах* ходзіць”.

64 У арыгінале Кэрал адсылае чытача да вершыка зь сёмага разьдзелу, які ў нашым перакладзе пачынаецца словамі “Котка, котачка, крычы”.

65 Цікава, што існуе гатунак печыва, які завецца па-нямецку *Pfefferkuchen*, па-швэдзку *pepparkaka*—даслоўна ‘пярцовы кекс’. Ад перцу паходзіць і чэскае слова *perník* (першапачаткова *peprník*, ‘перачнік’)—адсюль жа беларускае *пернік* і польскае *piernik*.

66 На жаль, гэтая пачварная лёгіка дзеяла ня толькі ў сярэднявеччы ў часе паляваньня на ведзьмаў, але і ў 1930—1950 гг. пры сталінскіх працэсах.

67 У арыгінале Алеся абяцае за адказ шасьціпэнсавік (*sixpence*), дробную ангельскую манэту. Выраз *to be not worth sixpence* азначае тое самае, што і “тры грошы ня варты”.

68 Кароль зноў памыляецца: наадварот, толькі ў такім выпадку й мае сэнс шукаць сэнс.

# Also available from Evertype

### Sources

Alice's Adventures in Wonderland, by Lewis Carroll, 2015

Alice's Adventures in Wonderland, illus. June Lornie, 2013

Alice's Adventures in Wonderland, illus. Mathew Staunton, 2015

Alice's Adventures in Wonderland, illus. Harry Furniss, 2016

Through the Looking-Glass and What Alice Found There,
by Lewis Carroll 2009

The Nursery "Alice", by Lewis Carroll, 2015

Alice's Adventures under Ground, by Lewis Carroll, 2009

The Hunting of the Snark, by Lewis Carroll, 2010

### Sequels

A New Alice in the Old Wonderland, by Anna Matlack Richards, 2009

New Adventures of Alice, by John Rae, 2010

Alice Through the Needle's Eye, by Gilbert Adair, 2012

Wonderland Revisited and the Games Alice Played There,
by Keith Sheppard, 2009

### Spelling

Alice's Adventures in Wonderland,
Retold in words of one Syllable by Mrs J. C. Gorham, 2010

𐐈𐑊𐐮𐑅'𐑆 𐐈𐐼𐑂𐐯𐑌𐐽𐐲𐑉𐑆 𐐮𐑌 𐐎𐐲𐑌𐐼𐐲𐑉𐑊𐐰𐑌𐐼,
*Alice* printed in the Deseret Alphabet, 2014

𐐜 𐐐𐐲𐑌𐐻𐐮𐑍 𐐲𐑂 𐑄 𐐝𐑌𐐪𐑉𐐿,
*The Hunting of the Snark* printed in the Deseret Alphabet, 2016

Alice's Adventures in Wonderland,
*Alice* printed in Dyslexic-Friendly fonts, 2015

Alice's Adventures in Wonderland,
*Alice* printed in a font that simulates Dyslexia, 2015

[illegible],
*Alice* printed in the Ewellic Alphabet, 2013

ˈÆlɪsɪz ədˈventʃəz ɪn ˈWʌndəˌlænd,
*Alice* printed in the International Phonetic Alphabet, 2014

Alis'z Advnčrz in Wunḍland, *Alice* printed in the Ñspel orthography, 2015

[illegible],
*Alice* printed in the Nyctographic Square Alphabet, 2011

·𐑨𐑤𐑦𐑕'𐑩𐑟 𐑩𐑛𐑝𐑧𐑯𐑗𐑼𐑟 𐑦𐑯 ·𐑢𐑳𐑯𐑛𐑼𐑤𐑨𐑯𐑛, *Alice* printed in the Shaw Alphabet, 2013

ALISIZ ADVENCƎRZ IN WUNDƎRLAND,
*Alice* printed in the Unifon Alphabet, 2014

**SCHOLARSHIP**

Elucidating Alice: A Textual Commentary on *Alice's Adventures in Wonderland*, by Selwyn Goodacre, 2015

Behind the Looking-Glass: Reflections on the Myth of Lewis Carroll, by Sherry L. Ackerman, 2012

Selections from the Lewis Carroll Collection of Victoria J. Sewell, compiled by Byron W. Sewell, 2014

**SATIRES**

Clara in Blunderland, by Caroline Lewis, 2010

Lost in Blunderland: The further adventures of Clara, by Caroline Lewis, 2010

John Bull's Adventures in the Fiscal Wonderland, by Charles Geake, 2010

The Westminster Alice, by H. H. Munro (Saki), 2010

Alice in Blunderland: An Iridescent Dream, by John Kendrick Bangs, 2010

**SIMULATIONS**

Davy and the Goblin, by Charles Edward Carryl, 2010

The Admiral's Caravan, by Charles Edward Carryl, 2010

Gladys in Grammarland, by Audrey Mayhew Allen, 2010

Alice's Adventures in Pictureland, by Florence Adèle Evans, 2011

Folly in Fairyland, by Carolyn Wells, 2016

Rollo in Emblemland, by J. K. Bangs & C. R. Macauley, 2010

Phyllis in Piskie-land, by J. Henry Harris, 2012

Alice in Beeland, by Lillian Elizabeth Roy, 2012

Eileen's Adventures in Wordland, by Zillah K. Macdonald, 2010

**SEWELLIANA**

Sun-hee's Adventures Under the Land of Morning Calm, by Byron & Victoria Sewell, 2016

Alix's Adventures in Wonderland: Lewis Carroll's Nightmare, by Byron W. Sewell, 2011

Álobk's Adventures in Goatland, by Byron W. Sewell, 2011

Alice's Bad Hair Day in Wonderland, by Byron W. Sewell, 2012

The Carrollian Tales of Inspector Spectre, by Byron W. Sewell, 2011

The Haunting of the Snarkasbord, by Alison Tannenbaum, Byron W. Sewell, Charlie Lovett, & August A. Imholtz, Jr, 2012

Snarkmaster, by Byron W. Sewell, 2012

In the Boojum Forest, by Byron W. Sewell, 2014

Murder by Boojum, by Byron W. Sewell, 2014

Close Encounters of the Snarkian Kind, by Byron W. Sewell, 2016

**TRANSLATIONS**

Alice's Adventures in An Appalachian Wonderland, *Alice* in Appalachian English, tr. Byron & Victoria Sewell, 2012

Patimatli ali Alice tu Văsilia ti Ciudii, *Alice* in Aromanian, tr. Mariana Bara, 2015

Алесіны прыгоды ў Цудазем'і (Alesiny pryhody u Tsudazem'i), *Alice* in Belarusian, tr. Max Ščur, 2016

На тым баку Люстра і што там напаткала Алесю (Na tym baku Liustra i shto tam napatkala Alesiu), *Looking-Glass* in Belarusian, tr. Max Ščur, 2016

Снаркаловы (Snarkalovy), *The Hunting of the Snark* in Belarusian, tr. Max Ščur, 2016

Crystal's Adventures in A Cockney Wonderland,
*Alice* in Cockney Rhyming Slang, tr. Charlie Lovett, 2015

Aventurs Alys in Pow an Anethow,
*Alice* in Cornish, tr. Nicholas Williams, 2015

Alice's Ventures in Wunderland,
*Alice* in Cornu-English, tr. Alan M. Kent, 2015

Alices Hændelser i Vidunderlandet, *Alice* in Danish, tr. D.G., Forthcoming

آلیس در سرزمین عجایب (Âlis dar Sarzamin-e Ajâyeb),
*Alice* in Dari, tr. Rahman Arman, 2015

La Aventuroj de Alicio en Mirlando,
*Alice* in Esperanto, tr. E. L. Kearney, 2009

La Aventuroj de Alico en Mirlando,
*Alice* in Esperanto, tr. Donald Broadribb, 2012

Trans la Spegulo kaj kion Alico trovis tie,
*Looking-Glass* in Esperanto, tr. Donald Broadribb, 2012

Les Aventures d'Alice au pays des merveilles,
*Alice* in French, tr. Henri Bué, 2015

Les Aventures d'Alice au pays des merveilles,
*Alice* in French, tr. Henri Bué, illus. Mathew Staunton, 2015

ელისის თავგადასავალი საოცრებათა ქვეყანაში
(Elisis t'avgadasavali saoc'rebat'a k'veqanaši),
*Alice* in Georgian, tr. Giorgi Gokieli, 2016

Alice's Abenteuer im Wunderland,
*Alice* in German, tr. Antonie Zimmermann, 2010

Die Lissel ehr Erlebnisse im Wunnerland,
*Alice* in Palantine German, tr. Franz Schlosser, 2013

Der Alice ihre Obmteier im Wunderlaund,
*Alice* in Viennese German, tr. Hans Werner Sokop, 2012

Balþos Gadedeis Aþalhaidais in Sildaleikalanda,
*Alice* in Gothic, tr. David Alexander Carlton, 2015

Nā Hana Kupanaha a ʻĀleka ma ka ʻĀina Kamahaʻo,
*Alice* in Hawaiian, tr. R. Keao NeSmith, 2012

Ma Loko o ke Aniani Kū a me ka Mea i Loaʻa iā ʻĀleka
ma Laila, *Looking-Glass* in Hawaiian, tr. R. Keao NeSmith, 2012

Aliz kalandjai Csodaországban,
*Alice* in Hungarian, tr. Anikó Szilágyi, 2013

Eachtra Eibhlíse i dTír na nIontas,
*Alice* in Irish, tr. Pádraig Ó Cadhla (1922), 2015

Eachtraí Eilíse i dTír na nIontas, *Alice* in Irish, tr. Nicholas Williams, 2007

Lastall den Scáthán agus a bhFuair Eilís Ann Roimpi,
*Looking-Glass* in Irish, tr. Nicholas Williams, 2009

Le Avventure di Alice nel Paese delle Meraviglie,
*Alice* in Italian, tr. Teodorico Pietrocòla Rossetti, 2010

Alis Advencha ina Wandalan,
*Alice* in Jamaican Creole, tr. Tamirand Nnena De Lisser, 2016

L's Aventuthes d'Alice en Émèrvil'lie,
*Alice* in Jèrriais, tr. Geraint Williams, 2012

L'Travèrs du Mitheux et chein qu'Alice y dêmuchit,
*Looking-Glass* in Jèrriais, tr. Geraint Williams, 2012

Las Aventuras de Alisia en el Paiz de las Maraviyas,
*Alice* in Ladino, tr. Avner Perez, 2014

Alisis pīdzeivuojumi Breinumu zemē,
*Alice* in Latgalian, tr. Evika Muizniece, 2015

Alicia in Terra Mirabili, *Alice* in Latin, tr. Clive Harcourt Carruthers, 2011

Aliciae per Speculum Trānsitus (Quaeque Ibi Invēnit),
*Looking-Glass* in Latin, tr. Clive Harcourt Carruthers, Forthcoming

Alisa-ney Aventuras in Divalanda, *Alice* in Lingua de Planeta (Lidepla), tr. Anastasia Lysenko & Dmitry Ivanov, 2014

La aventuras de Alisia en la pais de mervelias,
*Alice* in Lingua Franca Nova, tr. Simon Davies, 2012

Alice ęhr Ęventüürn in't Wunnerland,
*Alice* in Low German, tr. Reinhard F. Hahn, 2010

Contoyrtyssyn Ealish ayns Çheer ny Yindyssyn,
*Alice* in Manx, tr. Brian Stowell, 2010

Ko Ngā Takahanga i a Ārihi i Te Ao Mīharo,
*Alice* in Māori, tr. Tom Roa, 2015

Dee Erläwnisse von Alice em Wundalaund,
*Alice* in Mennonite Low German, tr. Jack Thiessen, 2012

Auanturiou adelis en Bro an Marthou,
*Alice* in Middle Breton, tr. Herve Le Bihan & Herve Kerrain, Forthcoming

The Aventures of Alys in Wondyr Lond,
*Alice* in Middle English, tr. Brian S. Lee, 2013

L'Avventure d'Alice 'int' 'o Paese d' 'e Maraveglie,
*Alice* in Neapolitan, tr. Roberto D'Ajello, 2016

L'Aventuros de Alis in Marvoland, *Alice* in Neo, tr. Ralph Midgley, 2013

Æðelgȳðe Ellendǽda on Wundorlande,
*Alice* in Old English, tr. Peter S. Baker, 2015

Alice Contada aos Mais Pequenos,
*The Nursery "Alice"* in Portuguese, tr., Rogério Miguel Puga, 2015

Соня въ царствѣ дива (Sonia v tsarstvie diva):
Sonja in a Kingdom of Wonder,
*Alice* in facsimile of the 1879 first Russian translation, 2013

Охота на Снарка (Okhota na Snarka),
*The Hunting of the Snark* in Russian, tr. Victor Fet, 2016

Ia Aventures as Alice in Daumsenland,
*Alice* in Sambahsa, tr. Olivier Simon, 2013

'O Tāfaoga a 'Ālise i le Nu'u o Mea Ofoofogia,
*Alice* in Samoan, tr. Luafata Simanu-Klutz, 2013

Eachdraidh Ealasaid ann an Tìr nan Iongantas,
*Alice* in Scottish Gaelic, tr. Moray Watson, 2012

Alice's Adventchers in Wunderland,
*Alice* in Scouse, tr. Marvin R. Sumner, 2015

Mbalango wa Alice eTikweni ra Swihlamariso,
*Alice* in Shangani, tr. Peniah Mabaso & Steyn Khesani Madlome, 2015

Ahlice's Aveenturs in Wunderlaant,
*Alice* in Border Scots, tr. Cameron Halfpenny 2015

Alice's Mishanters in e Land o Farlies,
*Alice* in Caithness Scots, tr. Catherine Byrne 2014

Alice's Adventirs in Wunnerlaun,
*Alice* in Glaswegian Scots, tr. Thomas Clark, 2014

Ailice's Anters in Ferlielann,
*Alice* in North-East Scots (Doric), tr. Derrick McClure, 2012

Alice's Adventirs in Wonderlaand,
*Alice* in Shetland Scots, tr. Laureen Johnson, 2012

Ailice's Àventurs in Wunnerland,
*Alice* in Southeast Central Scots, tr. Sandy Fleemin, 2011

Ailis's Anterins i the Laun o Ferlies,
*Alice* in Synthetic Scots, tr. Andrew McCallum, 2013

Alice's Carrànts in Wunnerlan,
*Alice* in Ulster Scots, tr. Anne Morrison-Smyth, 2013

Alison's Jants in Ferlieland,
*Alice* in West-Central Scots, tr. James Andrew Begg, 2014

Alice muNyika yeMashiripiti,
*Alice* in Shona, tr. Shumirai Nyota & Tsitsi Nyoni, 2015

Alis bu Cëlmo dac Cojube w dat Tantelat,
*Alice* in Ṣurayt, tr. Jan Beṯ-Ṣawoce, 2015

Alisi Ndani ya Nchi ya Ajabu, *Alice* in Swahili, tr. Ida Hadjuvayanis, 2015

Alices Äventyr i Sagolandet, *Alice* in Swedish, tr. Emily Nonnen, 2010

'Alisi 'i he Fonua 'o e Fakaofo', 
*Alice* in Tongan, tr. Siutāula Cocker & Telesia Kalavite, 2014

Ventürs jiela Lälid in Stunalän, *Alice* in Volapük, tr. Ralph Midgley, 2016

Lès-avirètes da Alice ô payis dès mèrvèyes,
*Alice* in Walloon, tr. Jean-Luc Fauconnier, 2012

Anturiaethau Alys yng Ngwlad Hud, *Alice* in Welsh, tr. Selyf Roberts, 2010

I Avventur de Alìs ind el Paes di Meravili,
*Alice* in Western Lombard, tr. GianPietro Gallinelli, 2015

Di Avantures fun Alis in Vunderland,
*Alice* in Yiddish, tr. Joan Braman, 2015

Insumansumane Zika-Alice,
*Alice* in Zimbabwean Ndebele, tr. Dion Nkomo, 2015

U-Alice Ezweni Lezimanga, *Alice* in Zulu, tr. Bhekinkosi Ntuli, 2014

www.ingramcontent.com/pod-product-compliance
Ingram Content Group UK Ltd.
Pitfield, Milton Keynes, MK11 3LW, UK
UKHW041825200726
13854UKWH00002BA/561

9 781782 011514